4技能対応
ベーシック・チャイニーズ②

早稲田中国語教育研究会 編著
張文菁・岡崎由美・千野拓政・楊達 著

Basic Chinese 2

SANSHUSHA

音声ダウンロード＆ストリーミングサービス（無料）のご案内

http://www.sanshusha.co.jp/onsei/isbn/9784384410457/

本書の音声データは、上記アドレスよりダウンロードおよびストリーミング再生ができます。ぜひご利用ください。

 コンピューター上での《Dig 中国語学習システム》を用いての学習を表示しています。この学習を終了してから After Dig へ進みます。

＊《Dig 中国語学習システム》は名称等が変更され、現在《TESTUDY 中国語学習システム》となっております。

写真（p.58）出典
上海 ©iStockphoto.com/SeanPavonePhoto
胡同（左）©iStockphoto.com/ymgerman
胡同（右）©iStockphoto.com/OSTILL
春節の食卓 ©iStockphoto.com/Twomeows_IS

はじめに

　本書は、『4技能対応 ベーシック・チャイニーズ』シリーズ全2冊の完結編（下冊）です。

　上冊では発音編と本編第11課までをとおして、中国語の発音、文法など基礎的な知識を中心に学びました。Dig を含めたたくさんのリスニング練習によって、聞く力をアップさせるだけでなく、頭の中に「発音の鏡」を作り上げることができたはずです。この「鏡」ができると、徐々に自分で自分の発音を矯正することができるようになります。実はわたしたちがそれほど大人に教わることなく、母語を徐々に大人のように話せるようになるのはこの「鏡」があるからです。

　下冊では第12課からスタートし、発音の定着をはかるとともに、より多くの文法や語彙を学んでいきます。とくに、Step 2 や Step 4 の本文では、上冊で付けていた文字の上の声調標記がなくなります。中国語では声調によって意味が変化しますので、それを間違えると相手に誤解されたり、もしくは理解してもらえなくなってしまいます。声調の記号がなくても、正しく発音できるように学習しましょう。

　ところで、外国語を習得するということは、単に発音や文法のルールをマスターすることではありません。その国の文化を知ることがとても大切です。上冊では、大学が夏休みに入り、金雪花さんが陳麗麗さんと一緒に上海空港に到着するところまでを学びました。下冊は、2人の上海でのできごとの回想から始まり、望月さんと清水さんが大学に戻って、再開する中国での留学生活を中心に物語が展開していきます。クラブ活動、HSK（漢語水平考試）への挑戦、インターンシップと忙しく繰り広げられるキャンパス生活や、京劇、胡同あるいは春節などの場面をとおして、中国の文化を紹介していきます。

　本テキストとの出会いが、皆さんがより深く中国について学ぶきっかけになることを願っています。

　　2018年初秋

編著者

も く じ

第12課　你是什么时候回来的　　7
Step 1　① 強調構文：“是……的”　② 様態補語：“得”　③ “又”と“再”
④ 疑問詞の不定・任意用法：“几”“哪儿”
Step 3　① その他の不定・任意用法：“什么”“谁”“哪”“怎么”

第13課　我正在写报告呢　　17
Step 1　① 結果補語：“完”“好”“见”　② 動作の進行：“(正) 在～ (呢)”
③ 連用修飾語：“地
Step 3　① その他の結果補語

第14課　下雨了　　27
Step 1　① 無主語文　② 動作・状態の持続：“着”　③ “在” (進行形) と “着” (持続)
④ 複合方向補語　⑤ “不是～吗？”
Step 3　① “不能不～”　② “除了～以外……”

第15課　我们还来得及看戏　　37
Step 1　① 兼語文 (1)：使役 “让”“叫”“请”　② 可能補語　③ “别～ (了)”
Step 3　① その他の可能補語　② “死了”　③ “一～也不～”

第16課　把以前的考题做一做　　47
Step 1　① 形容詞の重ね形　② 完了の “过”　③ 処置文：“把
Step 3　① “越～越……”　② “直到～オ……”　③ “不管～”
④ “人＋这儿 (这里) /那儿 (那里)”

第17課　小心！后面来了一辆车　　59
Step 1　① 存現文　② 疑問詞の呼応
Step 3　① “差 (一) 点儿”　② “一本一本地”　③ 積極性を示す：“来”“去”

第18課　他的自行车被人撞坏了　　69
Step 1　① 受け身文：“被”“让”“叫”“给”　② 意味上の受け身文
Step 3　① “比” と様態補語　② 結果補語の “为”“成”

第19課　“实习”和“打工”的性质不同　　79
Step 1　① “算”　② 複合方向補語の派生義
Step 3　① “不但～而且……”

第20課　有人告诉我他生病了　　89

Step 1　① 兼語文（2）：“有”　② “只有～才……”　③ 時量補語

Step 3　① “有的～有的……”

第21課　“胡同”像迷宫一样　　99

Step 1　① さまざまな可能補語　② “既然～就……”　③ “像～一样……”

Step 3　① 比較：“比” と動詞フレーズ

第22課　春节的车票既不便宜又不好买　　109

Step 1　① “就是 / 即使～也……”　② “既～又……”　③ 連動文（3）：“有”

Step 3　① “并不”　② “白”

第23課　学分没有白修的　　119

Step 1　復習（その1）① 動詞述語文　② 形容詞述語文　③ 名詞述語文

Step 3　復習（その2）① 疑問文　② アスペクト

第24課　下次再会了　　130

Step 1　復習（その3）① 補語　② さまざまな文型
　　　　　　復習（その4）① 複文

単語索引————————————————————140

本書の主な登場人物

清水 香　Qīngshuǐ Xiāng：

日本人留学生

金 雪花　Jīn Xuěhuā：

韓国人留学生

望月 亮　Wàngyuè Liàng：

日本人留学生

唐 扬　Táng Yáng：

陈丽丽　Chén Lìli：

中国人大学生

王思云　Wáng Sīyún：

大学の先生

第 12 課　你是什么时候回来的?

Step ❶

単語

🎧 001

□ 怎么样	zěnmeyàng	いかがですか?	
□ 前天	qiántiān	おととい	
□ 东方明珠	Dōngfāngmíngzhū	東方明珠塔（上海のテレビ塔）	
□ 补习班	bǔxíbān	塾	
□ 会话	huìhuà	会話	
□ 流利	liúlì	流暢である	
□ 下次	xiàcì	今度、次回	
□ 陪	péi	付き添う、お供する	
□ 练习	liànxí	練習（する）	

□ ※ 大前天	dàqiántiān	さきおととい	
□ ※ 件(量詞)	jiàn	件、着（事件、物、衣服などを数える）	
□ ※ 纽约	Niǔyuē	ニューヨーク	
□ ※ 晚	wǎn	（時間が）遅い	
□ ※ 汉字	Hànzì	漢字	
□ ※ 慢	màn	（速度が）遅い	
□ ※ 公司	gōngsī	会社	
□ ※ 事(儿)	shì(r)	こと、できごと、要件	

学習の ポイント

❶ 強調構文：" 是……的 "

すでに行われた、あるいは常に行われる動作について、" 是～的 " を用いて、その場所・時間・方式・対象・目的などを強調することができます。強調する語はふつう " 是 " のすぐ後におきます。" 是 " は省くことができます。また目的語があるときは、その前に " 的 " をおくことができます。否定は " 不是～的 " を用います。

1) 他（是）大前天来的。
Tā (shì) dàqiántiān lái de.
（是）我告诉她的。
(Shì) wǒ gàosu tā de.

2) 他不是每天来的。
Tā búshì měitiān lái de.
不是我告诉他的。
Búshì wǒ gàosu tā de.

3) 他（是）昨天来纽约的。
Tā (shì) zuótiān lái Niǔyuē de.
他（是）昨天来的纽约。
Tā (shì) zuótiān lái de Niǔyuē.

× 他是明天来的。
× 他是昨天到了的。

❷ 様態補語：" 得 "

「動詞・形容詞＋ " 得 " ～」の形で、その動作や性質がどのような状態 (程度) に達しているかを表すことができます。目的語があるときは動詞を繰り返して用います。このとき、最初の動詞は省けることがあります。動作はすでに行われているか、常に行われる場合に限ります。

1) 今天他起得很早。
Jīntiān tā qǐde hěn zǎo.
今天天气冷得很
Jīntiān tiānqì lěngde hěn.

2) 昨天他睡得不晚。
Zuótiān tā shuìde bù wǎn.
× 今天他不睡得晚。

7

3）望月跑得快不快?
Wàngyuè pǎode kuài bu kuài?

4）他写汉字写得很慢。　　　　　　他汉字写得很慢。
Tā xiě Hànzì xiěde hěn màn.　　　　Tā Hànzì xiěde hěn màn.

5）他每天来公司来得很早。
Tā měitiān lái gōngsī láide hěn zǎo.

× 他明天来得很早。

3　"又"と"再"

動作が再度行われるとき、それがまだ実現していない場合は"再"を、すでに実現している場合は"又"を用いて表します。

1）他昨天来了，明天再来。
Tā zuótiān láile, míngtiān zàilái.

2）他昨天来了，今天又来了。
Tā zuótiān láile, jīntiān yòu lái le.

4　疑問詞の不定・任意用法："几"、"哪儿"

疑問詞は、疑問だけでなく、不定のもの、任意のものを表すときにも用います。任意用法の場合は、"〜也"／"〜都"という強調表現にすることもあります。

1. "几"

1）いくつ？：　　　你买几个？（疑問）
Nǐ mǎi jǐ ge?

2）いくつか：　　　你买几个吧。（不定）
Nǐ mǎi jǐ ge ba.

3）いくつでも：　　几个也好。（任意）
Jǐ ge yě hǎo.

4）いくつも〜ない：他没买几个。（任意）
Tā méi mǎi jǐ ge.

2. "哪儿"

1）どこ？：　　　　你去哪儿？（疑問）
Nǐ qù nǎr?

2）どこか：　　　　你可以去哪儿玩儿。（不定）
Nǐ kěyǐ qù nǎr wánr.

3）どこでも：　　　你哪儿都可以去。（任意）
Nǐ nǎr dōu kěyǐ qù.

4）どこも〜ない：　我哪儿也不去。（任意）
Wǒ nǎr yě bú qù.

Go to Dig 29

After Dig

1. 日本語の意味に合うように、空欄に適切な中国語を入れなさい。

1) あなたはいつ戻ってきたのですか？

你是 [　　　　　　　　　　] 回来的？

2) あなたはどうして今頃やっと出てきたのですか？

你怎么现在 [　　] 出来？

3) 清水さんは今日とても早く来ました。

清水今天来 [　　] 很早。

4) 夏休みはどうでしたか？

你暑假过得 [　　　　　　　] ？

5) ぼくは今年も充実した夏をすごしました。

我今年 [　　] 过了很充实的夏天。

6) 彼は昨日本を一冊読みました。明日もう一冊読みます。

他昨天看了一本书，明天 [　　] 看一本。

7) ニューヨークはどこもみな面白い。

纽约哪儿都 [　　　　　　]。

8) あなたはどれぐらいの時間韓国語を学びましたか？

你学了 [　　　　　　　　] 韩语了？

9) 唐揚さんは走るのが速いですか？

唐扬 [　　] 得快不快？

10) わたしが彼に話したのではありません。

[　　　　　] 我告诉他的。

2. 日本語の意味に合うように、次の言葉を並び替えて中国語の文を完成させなさい。

1) わたしは上海に行って、小籠包も味わいました。

[小笼包　还　我　上海，尝了　去了]。

_____

2) わたしが彼にそのことを話したのではありません。

[告诉　的　事儿　件　不是　我　他　这]。

_____

3) わたしは外の塾へ勉強に行ったのです。

[补习班　去　的　我　学习　的　是　外面]。

_____

9

4）あなた夏休みはどうでしたか？
　　[得　过　暑假　怎么样　你]？

　　_____

5）どこかへ遊びに行ってもいいですよ。
　　[可以　玩儿　哪儿　你　去]。

　　_____

6）彼は毎日会社に来るのがとても早い。
　　[很　他　早　来　来　得　公司　每天]。

　　_____

7）彼は昨日ニューヨークへ来たのです。
　　[来　他　昨天　的　是] 纽约。

　　_____

8）次はわたしが練習におつきあいします。
　　[陪　我　练习　你　练习　下次]。

　　_____

9）あなたは上海でどんなところに行きましたか？
　　[哪些　上海　地方　你　在　了　去]？

　　_____

10）夏休みはとても充実した過ごし方をしました。
　　[过　充实　我　非常　得　暑假]。

　　_____

　　_____

3．次の日本語を中国語に訳しなさい。

1）あなたいくつか食べなさいよ。

　　_____

2）誰が彼にそのことを話したのですか？

　　_____

3）わたしは中国語を2年間勉強してきました。

　　_____

4）わたしは先週戻ってきたのです。

　　_____

5）あなたこの夏休み（の過ごし方）はいかがでしたか？

　　_____

Step ② 🎧 002

会話を聞く

第12課

第13課

第14課

第15課

第16課

第17課

第18課

第19課

第20課

第21課

第22課

第23課

第24課

■会話を書き取る

A: □□□, □□□□□□□□□□□□?
B: □□□□□□□。
A: □□□□□□□?
B: □□□□□□□□。□□□□□□□。
A: □□□□□□□?
B: □□□□□□, □□□□□□□□。
A: □□□□□□□□□。□□□□□?
B: □□□□。□□□□□□□□□。
A: □□□□□□, □□□□□□。
B: □□□□□□□□?
A: □□□□□□□□□□□。
B: □□□□□□?
A: □□□。□□□□□□□□。
B: □□□□□□□□□□□□。

Step 3

単語　　🎧 003

□ 一下子	yíxiàzi	（短い時間を指す）すぐに、いきなり		□ 做//菜	zuò cài	料理を作る
□ 健康	jiànkāng	健康（である）		□ 比如	bǐrú	例えば
□ 辆(量詞)	liàng	台、両（車の台数を数える）		□ 番茄	fānqié	トマト
□ 修	xiū	修理する、建造する、修める		□ 炒	chǎo	炒める
□ 马路	mǎlù	大通り		□ 鸡蛋	jīdàn	玉子
□ 上//班	shàng bān	出勤する		□ 咖喱	gālí	カレー
□ 下//班	xià bān	退勤する		□ 盖饭	gàifàn	かけご飯
□ 堵//车	dǔ chē	渋滞する		□ 等等	děngdeng	など
□ 这次	zhè cì	今回		□ 爱	ài	愛する、気に入る
□ 短	duǎn	短い		□ 学期	xuéqī	学期
□ 瘦	shòu	痩せる		□ 机会	jīhuì	機会

学習のポイント

1 その他の不定・任意用法："什么""谁""哪""怎么"

1) 你想吃什么吗？（不定）
   Nǐ xiǎng chī shénme ma?

2) 谁去过东京吗？（不定）
   Shéi qùguo Dōngjīng ma?

3) 你怎么做都可以。（任意）
   Nǐ zěnme zuò dōu kěyǐ.

4) 我什么菜都喜欢吃。（任意）
   Wǒ shénme cài dōu xǐhuan chī.

5) 谁也不去那儿。（任意）
   Shéi yě bú qù nàr.

6) 哪种词典都很好。（任意）
   Nǎ zhǒng cídiǎn dōu hěn hǎo.

 30

After Dig

1．日本語の意味に合うように、空欄に適切な中国語を入れなさい。

1) 退勤の時間は車の渋滞がひどい。

　　下班的时间堵车堵得很[　　　　]。

2) 上海は車の渋滞がひどい。

　　上海堵车[　　　　]很厉害。

3) 兄は時間があれば車で出かけます。

　　哥哥一有时间[　　　]开车出去。

4) わたしたちは夏に本当に多くのところに行きました。

　　我们夏天[　　　　]去了不少地方。

5) 誰か東京に行ったことがありますか？

　　[　　　]去过东京吗？

6）金雪花さんは電気街にコンピューターの部品を買いに行ったばかりです。

　　金雪花 [　　　] 去电子街买电脑的零件。

7）夏休みはあっという間に過ぎました。

　　暑假 [　　　　　　　] 就过去了。

8）まっすぐ行くと、図書館は食堂のとなりにあります。

　　往前 [　　　　　] 走，图书馆就在食堂旁边儿。

9）地下鉄に乗るとどこへ行くにも便利です。

　　坐地铁到 [　　　　　　　] 都很方便。

10）あなたはどうやっても構いません。

　　你 [　　　　] 做都可以。

2．日本語の意味に合うように、次の言葉を並び替えて中国語の文を完成させなさい。

1）わたしは機会を見つけて友だちに料理を作って食べさせてあげなければなりません。

[朋友　找　给　我　个　应该　吃　机会　做菜]。

2）上海は最近たくさん大きな道路を作りました。

[很多　修了　最近　马路　上海]。

3）母が教えてくれたこれらの料理は、誰もが好きです。

[谁　爱吃　教　妈妈　的　都　这些菜，]。

4）彼は時間があれば新車で出かけます。

[新车　时间　他　有　开　就　出去　一]。

5）わたしはどんな料理もみんな好きです。

[喜欢　菜　我　吃　都　什么]。

6）地下鉄に乗ると、どこへ行くにもとても便利です。

[什么地方　坐　方便　都　地铁　很　到]。

7）退勤の時間は車の渋滞がひどい。

[堵　的　堵车　得　下班　很　时间　厉害]。

8) 母はわたしにトマトと卵の炒め物の作り方（どう作るか）を教えてくれました。
   [怎么　妈妈　我　番茄炒鸡蛋　做　教]。

9) 今回、上海にいる時間は比較的短い。
   [短　时间　这次　在　的　比较　上海]。

10) 夏休みはあっという間に過ぎました。
    [就　了　一下子　暑假　过去]。

3．絵をみて質問に答えなさい。ＡとＢはa～cから適切な答えを選びなさい。

A

1) a．没有。b．两个人。c．很高兴。
2) a．上海。b．清水。c．金雪花。
3) a．不是。b．上海很有趣。c．两个人。

B

1) a．韩国话。b．是唐扬。c．唐扬和陈丽丽。
2) a．陈丽丽。b．韩语。c．两个月。
3) a．从7月。b．不是。c．不是汉语，是韩语。

C

Step 4   005

　　暑假一下子就过去了。这个暑假我回了上海。爸爸妈妈都很健康，看我回去他们都很高兴。哥哥开始工作了。他买了一辆新车，一有时间就开车出去。听哥哥说，上海最近修了很多马路，到什么地方都很方便。不过最近买车的人太多了，上班下班的时间，总是堵车堵得很厉害。我也想学开车，不过这次在上海的时间比较短，只好等下次了。

　　回到家，妈妈看我瘦了一点儿，就每天做我喜欢吃的菜，还教我怎么做菜，比如番茄炒鸡蛋、咖喱盖饭等等。妈妈教的这些菜，谁都爱吃吧。这个学期，应该找个机会做菜给朋友们吃吃看。

第13課 我正在写报告呢

Step 1

単語 🎧006

- □ 见　　jian　認知を表す結果補語
- □ 完　　wán　完了を表す結果補語
- □ 超市　chāoshì　スーパーマーケット
- □ 京剧　Jīngjù　京劇
- □ 约　　yuē　約束する、さそう
- □ 兴趣　xìngqu　興味
- □ 视频　shìpín　ビデオ、映像
- □ 西游记　Xīyóujì　西遊記
- □ 表演　biǎoyǎn　上演（する）
- □ 精彩　jīngcǎi　精彩がある、すばらしい。
- □ 正在　zhèngzài　ちょうど～しているところ
- □ 赶快　gǎnkuài　すぐに、急いで
- □ 放//心　fàng xīn　安心する
- □ 地　　de　動詞・形容詞を修飾する語を導く助詞
- □ 看//戏　kàn xì　劇を見る
- □ 开演　kāiyǎn　開演（する）
- □ 加//油　jiā yóu　頑張る、応援する
- □ ※穿//衣服　chuān yīfu　服を着る
- □ ※认真　rènzhēn　まじめである、真剣である
- □ ※解决　jiějué　解決（する）
- □ ※刚才　gāngcái　今しがた、先ほど
- □ ※打//电话　dǎ diànhuà　電話する

学習の ポイント

1 結果補語：“完”“好”“见”

動詞の直後に動作の結果を表す語をつけて、「做完（やり終える）」「写好（きちんと書く）」「看见（見える、見かける）」など、動作や変化によって生じた結果を表すことができます。否定はふつう“没（有）”を用います。

1) 这本书很有意思，我已经看完了。
　　Zhè běn shū hěn yǒuyìsi, wǒ yǐjing kànwán le.

2) 我还没（有）准备好明天的功课。
　　Wǒ hái méi (yǒu) zhǔnbèihǎo míngtiān de gōngkè.

3) 刚才望月从图书馆出来，你看见了没有？
　　Gāngcái Wàngyuè cóng túshūguǎn chūlai, nǐ kànjianle méiyǒu?

2 動作の進行：“（正）在～（呢）”

動詞の前に“在”を置くか、文末に“呢”を置いて、「～しつつある」「～しているところだ」という動作の進行を表すことができます。“在”と“呢”を併用することも、「ちょうど」という意味の“正”を加えることもできます。また、進行形は、過去・現在・未来に関わらず、動作の進行を表すことができます。否定は“没（有）”を用います。

1) 他（正）作什么呢？　　　 — 他打电话呢。
　　Tā (zhèng) zuò shénme ne?　　　　Tā dǎ diànhuà ne.

2) 不要进来，我（正）在穿衣服（呢）。
　　Búyào jìnlai, wǒ (zhèng) zài chuān yīfu (ne).

17

3) 昨天我去找望月的时候，他在做功课。
　　Zuótiān wǒ qù zhǎo Wàngyuè de shíhou, tā zài zuò gōngkè.
4) 他在吃饭吗？　—　他没有吃饭，在看书呢。
　　Tā zài chī fàn ma?　　Tā méiyǒu chī fàn, zài kàn shū ne.

3 連用修飾語："地"

動詞・形容詞を修飾する語句に"地"をつけることがあります。
修飾語が1音節の場合はふつう"地"をつけずに動詞・形容詞の前に置きますが、2音節の語句の場合、"地"をつけることがあります。"很"などの修飾語を伴うと、"地"を付ける必要があります。

1) 我早来了。
　　Wǒ zǎo lái le.
2) 金雪花认真（地）学习英语。
　　Jīn Xuěhuā rènzhēn (de) xuéxí Yīngyǔ.
3) 我非常（地）高兴。
　　Wǒ fēicháng (de) gāoxìng.
4) 他很快地解决了问题。
　　Tā hěn kuài de jiějuéle wèntí.

 31

After Dig

1．日本語の意味に合うように、空欄に適切な中国語を入れなさい。

1）わたしは買い物をしてスーパーから戻ってきたところです。

我刚 [　　　　　] 东西从超市回来。

2）入ってきちゃダメ。着替えをしているところなの。

不要进来，我正在 [　　　] 衣服呢。

3）わたしはそれほど（何度も）京劇を見たことがありません。

我没有 [　　　　　] 几次京剧。

4）わたしはまだ明日の授業の準備ができていません。

我还 [　　　　　] 准备好明天的功课。

5）聞くところによると、彼の演技はとても素晴らしかったそうです。

听说他表演得非常 [　　　　　]。

6）先ほど望月さんがコンビニから出てきました。あなたは見かけましたか？

刚才望月从便利店出来，你 [　　　　　] 了没有？

7）彼女が帰ってきたとき、わたしはテレビを見ているところでした。

她回来的时候，我 [　　　　　] 看电视。

8）早く書き終われば、安心して劇を見にいけます。

你赶快写完，就可以 [　　　　　] 地去看戏了。

9）あなたをさそって一緒に「西遊記」を見に行きたいのですが。

我想 [　　　] 你一起去看"西游记"。

10）彼は食事していません。本を読んでいるところです。

他没有吃饭，在看书 [　　　]。

2．日本語の意味に合うように、次の言葉を並び替えて中国語の文を完成させなさい。

1）間も無く開演します。（私たち）急いで入りましょう。

[赶快　了，　就要　我们　吧　进去　开演]。

_____

2）それほど（何度も）京劇を見たことはありません。

[看过　我　京剧　没有　几次]。

_____

3）この数日わたしはレポートを書いています。

[几天　我　在　报告　这　写]。

_____

4）わたしは京劇についてあまりよく知りません。
　　[不太　京剧　了解　对　我]。

　　_____

5）わたしはまだ明日の授業の準備ができていません。
　　[明天　还　功课　准备好　我　的　没有]。

　　_____

6）わたしを訪ねて、何か用事があるのですか？
　　[事儿　找　有　什么　你　吗　我]？

　　_____

7）私は急いで真面目に授業の復習をしなければなりません。
　　[认真地　复习　我　赶快　功课　得]。

　　_____

8）わたしは清水さんがケーキ屋から出てくるのを見かけました。
　　[出来　我　清水　看见　蛋糕店　从]。

　　_____

9）ぼくは金雪花さんと土曜日に映画を見に行く約束をしました。
　　[星期六　金雪花　约好　和　去　看　电影　我]。

　　_____

10）彼はいち早く問題を解決しました。
　　[解决　他　了　问题　很快地]。

　　_____

3．次の日本語を中国語に訳しなさい。

1）わたしはまだ明日の授業の準備ができていません。

　　_____

2）あなたは望月さんがコンビニから出てくるところを見かけましたか？

　　_____

3）間も無く開演です。（私たち）急いで入りましょう。

　　_____

4）わたしはそれほど（何度も）京劇を見たことはありません。

　　_____

5）わたしの姉は手紙を書いているところです。

　　_____

Step ❷ 🎧 007

会話を聞く

■会話を書き取る　🎧007

A: □□, □□□□□□, □□□□.

B: □□? □□. □□□□□, □□□□. □□□□□□?

A: □□□□□□, □□□□□. □□□□□□?

B: □, □□□□□□, □□□. □□□?

A: □《□□》. □□□□□□□.

B: □□□□□□, □□□□□.

A: □□□. □□, □□□□□□□.

B: □□□□□□□?

A: □□□□□, □□□.

B: □, □□□□.

Step ③

単語

🎧 008

□ 课堂	kètáng	教室		□ 古典	gǔdiǎn	古典
□ 卡通	kǎtōng	アニメーション		□ 小说	xiǎoshuō	小说
□ 电影	diànyǐng	映画		□ 排//队	pái//duì	列を作る、整列する
□ 印象	yìnxiàng	印象		□ 拿	ná	手に取る、つかむ、持つ
□ 深	shēn	深い		□ 一口气	yìkǒuqì	一息で、休まず、一気に
□ 段（量詞）	duàn	段落、くだり（事物の一区切りを数える）		□ 好不容易	hǎoburóngyì	やっとのことで、かろうじて
□ 起初	qǐchū	最初、はじめ		□ ※ 奥林匹克	Àolínpǐkè	オリンピック
□ 难	nán	難しい		□ ※ 足球赛	zúqiúsài	サッカーの試合
□ 句（量詞）	jù	言（こと）、句（言葉・詩文の区切りを数える）		□ ※ 门票	ménpiào	入場券
□ 懂	dǒng	分かる		□ ※ 放	fàng	置く
□ 仔细	zǐxì	細心に、こと細かく		□ ※ 桌子	zhuōzi	机、テーブル
□ 遍（量詞）	biàn	遍、通（回数を数える）		□ ※ 清楚	qīngchu	はっきりしている、明確である
□ 了解	liǎojiě	理解する、了解する				

学習のポイント

1 その他の結果補語

1) 今天学到第十三课。
Jīntiān xuédào dì shísān kè.

2) 我买到了奥林匹克足球赛的门票。
Wǒ mǎidàole Àolínpǐkè zúqiúsài de ménpiào.

3) 老师说的话我听懂了。
Lǎoshī shuō de huà wǒ tīngdǒng le.

4) 姐姐寄给我不少信。
Jiějie jìgěi wǒ bù shǎo xìn.

5) 那本书放在桌子上。
Nà běn shū fàngzài zhuōzishang.

6) 你应该说清楚。
Nǐ yīnggāi shuōqīngchu.

Go to Dig 32

After Dig

1．日本語の意味に合うように、空欄に適切な中国語を入れなさい。

1）わたしは何度かこと細かに読んで、理解しました。

我仔细[　　　]读了几遍就了解了。

2）わたしは「西遊記」のアニメの印象がとても深い。

我对"西游记"的卡通[　　　　　]很深。

3）わたしの姉は真剣に手紙を書いています。

我姐姐很[　　　　　　]写信。

4）わたしは一時間列に並びに行きました。

我去排了一个[　　　　　]的队。

5）先生が教室で話したことを、彼はひと言も（聞いて）分かりませんでした。

老师在课堂上说的话，我一句也 [　　　] 听懂。

6）わたしは今日、とても多くのことを学びました。

我今天 [　　　] 了很多事。

7）わたしはオリンピックのサッカーの試合の入場券を（買って）手に入れました。

我买到了奥林匹克足球赛的 [　　　　　]。

8）この古典小説はとても難しくて、わたしは読んでも分かりませんでした。

这本古典小说很难，我没 [　　　　　]。

9）その雑誌は机の上に置いてあります。

那本书 [　　　　　] 桌子上。

10）金雪花さんはやっとの事でチケットを手に入れました。

金雪花 [　　　　　　　　] 才买到票。

2．日本語の意味に合うように、次の言葉を並び替えて中国語の文を完成させなさい。

1）姉はわたしにたくさんのハガキを送ってくれました。
[不少　寄给　姐姐　明信片　我]。

_____

2）わたしは一気呵成に承諾しました。
[一口气地　了　他　我　答应]。

_____

3）最初、わたしはこの小説をとても難しいと思いました。
[很难　觉得　小说　我　这本　起初]。

_____

4）先生が教室で話したことは分かりましたか？
[课堂上　你　说　听懂　话　了　在　的　吗　老师]？

_____

5）本は机の上に置いてあります。自分で取りに行ってください。
[桌子上，自己　放在　拿　你　去　书]。

_____

6）わたしは「西遊記」のアニメを見たことがあります。
["西游记"　看过　的　卡通　我]。

_____

7）わたしはやっとのことでこの本を読み終わりました。
[好不容易　书　我　这　看完　本　才]。

_____

24

8）今日わたしは多くのことを学びました。
［很多　我　学到　事　今天］。

_____

9）わたしはその言葉を何度かこと細かく読みました。
［这　仔细地　我　了　读　几次　话　句］。

_____

10）あなたは行って何時間並んだのですか？
［几个　你　小时　的　去　队　排了］？

_____

3．絵をみて質問に答えなさい。AとBはa～cから適切な答えを選びなさい。

A

1）a．唐扬。　b．刚学习完。　c．他在学习。
2）a．是唐扬。　b．没有学完。
　　c．他们在宿舍里。
3）a．望月正在学习。　b．还没有。
　　c．唐扬。

B

1）a．她在上课。　b．她听懂了。　c．王老师。
2）a．她听懂了。　b．望月一个人。
　　c．三个人。
3）a．他没听懂。　b．金雪花、清水。
　　c．她们两个人都听懂了。

C

Step 4 🎧010

　　上个星期王老师在课堂上给我们介绍了《西游记》。我小的时候看过《西游记》的卡通和电影，但是印象不深。老师说《西游记》是中国四大古典小说之一，他给我们看了一段小说和京剧的表演。起初我觉得小说很难，一句也没看懂。但是仔细地读了两三遍，就开始懂了。

　　我觉得京剧很有趣。听说大学附近有演出，很多朋友都去看了。我也去排了一个小时的队，买到两张票，一张拿给了望月。他一听我说要看《西游记》，一口气地就答应了。望月说："你好不容易才买到票，真得多谢你。"

第 14 課　下雨了

Step 1

単語　🎧 011

□ 出//门	chū mén	出かける、外出する		□ 家教	jiājiào	家庭教師
□ 记得	jìde	覚えている		□ 临时	línshí	臨時の、一時的な
□ 雨伞	yǔsǎn	雨傘		□ 取消	qǔxiāo	取り消す、やめる
□ 窗户	chuānghu	窓		□ 文化节	wénhuàjié	文化祭
□ 开	kāi	開く、開ける、スイッチを入れる		□ ※ 刮//风	guā fēng	風が吹く
□ 场(量詞)	cháng	回（雨、雪などの自然現象を数える）		□ ※ 停	tíng	停まる、停める
				□ ※ 禁止	jìnzhǐ	禁止する
□ 突然	tūrán	とつぜん、急に		□ ※ 吸//烟	xī yān	タバコを吸う
□ 提醒	tíxǐng	注意を促す、指摘する		□ ※ 祝	zhù	祝う、祈る
□ 忘记	wàngjì	忘れる		□ ※ 站	zhàn	立つ
□ 淋//雨	lín yǔ	雨にぬれる		□ ※ 唱//歌(儿)	chàng gē(r)	歌を歌う
□ 秋天	qiūtiān	秋		□ ※ 把(量詞)	bǎ	本、脚（柄のあるものを数える）
□ 有//空儿	yǒu kòngr	時間がある、暇がある				

学習のポイント

1 無主語文

主語が話題の提示の働きをする中国語では、主語をおく必要がない文（無主語文）があります。自然現象や命令・禁止・祈願などを表すときにこの形を用います。

1) 下雨了。　　　刮风了。　　　cf. 雨停了。
　 Xià yǔ le.　　 Guā fēng le.　　　 Yǔ tíng le.

2) 加油！　　　　禁止吸烟！　　　祝你健康！
　 Jiā yóu!　　　 Jìnzhǐ xīyān!　　　Zhù nǐ jiànkāng!

2 動作・状態の持続："着"

動詞の後に"着"をつけて、動作や状態の持続を表すことができます。否定は"没（有）"を用います。

1. 動作の持続（動作を始めたが、まだ終了していないこと）

1) 他看着报纸（呢）。　　　　他没（有）看着报纸。
　 Tā kànzhe bàozhǐ (ne).　　Tā méi (yǒu) kànzhe bàozhǐ.

2) 他看着报纸没有？　　　　他看没看着报纸？
　 Tā kànzhe bàozhǐ méiyǒu?　Tā kàn méi kànzhe bàozhǐ?

2. 状態の持続（動作は終わったが、その状態が続いていること）

  3) 门开着（呢）。   门没开着。
    Mén kāizhe (ne).   Mén méi kāizhe.

  4) 门开着没有？   门开没开着？
    Mén kāizhe méiyǒu?   Mén kāiméikāizhe?

3. "着"を用いて「〜しながら……する」という意味を表すことができます。

  5) 他站着聊天儿。   6) 他们唱着歌儿去学校。
    Tā zhànzhe liáotiānr.   Tāmen chàngzhe gēr qù xuéxiào.

3 "在"（進行形）と"着"（持続）

1. "在"（進行形）と状態の持続を表す"着"は明らかに異なります。

  1) 他正在穿衣服。   他穿着新衣服。
    Tā zhèngzài chuān yīfu.   Tā chuānzhuó xīn yīfu.

2. "在"（進行形）と動作の持続を表す"着"は一緒に使うことができます。

  2) 他正在看着报纸（呢）。
    Tā zhèngzài kànzhe bàozhǐ (ne).

3. "在"（進行形）はどんな動作が進行中であるかを述べる点に、"着"はその動作がまだ終わっていないことを述べる点に主眼があります。

  3) 他在做什么呢？   × 他做着什么呢？
    Tā zài zuò shénme ne?

  4) 他在看书（呢）。   他还看着书呢。
    Tā zài kànshū (ne).   Tā hái kànzhe shū ne.

4 複合方向補語

動詞の後に"上来""上去"などをつけて、動作が行われるさまざまな方向を表すことができます。場所を表す目的語は"来""去"の前におきます。それ以外の目的語は"来""去"の前にも後にもおけます。

跑上来	跑下来	跑进来	跑出来	跑回来	跑过来	跑起来
pǎoshànglai	pǎoxiàlai	pǎojìnlai	pǎochūlai	pǎohuílai	pǎoguòlai	pǎoqǐlai

跑上去	跑下去	跑进去	跑出去	跑回去	跑过去
pǎoshàngqu	pǎoxiàqu	pǎojìnqu	pǎochūqu	pǎohuíqu	pǎoguòqu

1) 他走进教室来了。
  Tā zǒu jìn jiàoshì laile.

2) 你带过一把雨伞来。   他带回来了一把雨伞。
  Nǐ dàiguò yì bǎ yǔsǎn lai.   Tā dài huílaile yì bǎ yǔsǎn.

5 "不是〜吗？"

"不是〜吗？"の形で「〜ではないのか？」という反語の意味を表すことができます。

1) 你不是中国人吗？
  Nǐ búshì Zhōngguó rén ma?

After Dig

1．日本語の意味に合うように、空欄に適切な中国語を入れなさい。

1）この雨（の降り方）はあまりに突然でした。

这场雨下 [　　　] 好突然。

2）図書館はまだ開いています。急いで行きましょう。

图书馆还开着，我们 [　　　　] 去吧。

3）彼は新しい服で劇を見に行きました。

他穿着新衣服去 [　　　　]。

4）彼らは歌を歌いながら学校へ行きます。

他们 [　　　　] 歌儿去学校。

5）学生は臨時の用事があって、家庭教師を取りやめました。

学生临时有事儿，取消了 [　　　　]。

6）あなたは自分1人で行くつもりではなかったのですか？

你 [　　　　] 自己要去看的吗?

7）望月さんは歌を歌いながら教室に入ってきました。

望月唱着歌儿走进教室 [　　]。

8）雨です。傘を持って出かけるのを忘れないように（覚えておくように）。

下雨了，[　　　　] 要带伞出门。

9）その日は文化祭の練習があって、わたしは必ず準備しなければなりません。

那天有文化节的练习，我 [　　] 准备。

10）兄はまだ新聞を読んでいるのですか？

哥哥还 [　　　　] 报纸吗?

2．日本語の意味に合うように、次の言葉を並び替えて中国語の文を完成させなさい。

1）彼は雨傘を1本持ってきました。

[过来　一把　了　他　雨伞　带]。

_____

2）宿舎の窓はまだ開いています。

[窗户　还　宿舍　的　开着]。

_____

3）もしあなたに時間があるのなら、（わたしたち）劇を見に行きましょう。

[我们　空儿　你　的话，去　有　看戏　如果]。

_____

4）わたしは傘を携帯するのを忘れて、雨に濡れて帰宅しました。
　　[淋着　帯　雨　回家　伞，我　忘记]。

5）わざわざ注意してくれてありがとう。
　　[提醒　你　我　多谢　特地]。

6）風が出てきました。服を多めに着るのを忘れないように。
　　[穿　多　要　衣服　刮风　记得　了，]。

7）もともと家庭教師があったのですが、臨時にキャンセルしました。
　　[取消　家教，有　临时　了　我　本来]。

8）清水さんは教室から宿舎まで走って戻ってきました。
　　[跑回　清水　宿舍　教室　来　从]。

9）秋の天気はまさにこのようなものです。
　　[天气　就是　的　这样　秋天]。

10）わたしは（どうしても）文化祭の練習を準備しなければなりません。
　　[准备　练习　我　得　的　文化节]。

3．次の日本語を中国語に訳しなさい。

1）わたしは傘を携帯するのを忘れ、雨に濡れて帰宅しました。

2）彼は雨傘を1本持ってきました。

3）注意してくれてありがとう。

4）清水さんは教室から宿舎まで走って戻ってきました。

5）図書館はまだ開いています。私たち急いで行きましょう。

Step 2 🎧 012

会話を聞く

第12課
第13課
第14課
第15課
第16課
第17課
第18課
第19課
第20課
第21課
第22課
第23課
第24課

■会話を書き取る

A: □□, □□□□□? □□□□□□。

B: □□□□? □□□□□□□。

A: □□, □□□□□□□, □□□□, □□□□□。

B: □□, □□□□□□。□□□□□□, □□□□□□□。

A: □□□□□□□□。

B: □□, □□□□□□□□□□□?

A: □□□□, □□□□□□, □□□。

B: □□□□□□□, □□□□□?

A: □□□□□□□□□□?

B: □□□□。□□□□□□□□, □□□□。

Step 3

単語　🎧013

□ 不巧	bù qiǎo	あいにく、不運にも		□ 样子	yàngzi	形、ようす
□ 小组	xiǎozǔ	グループ、班、小委員会		□ 好像	hǎoxiàng	似ている、まるで～のようだ
□ 负责	fùzé	責任を負う		□ 安慰	ānwèi	慰め（る）
□ 社团	shètuán	結社、団体、サークル		□ 除了	chúle	～を除いて、～以外
□ 舞蹈	wǔdǎo	ダンス、舞踊		□ 以外	yǐwài	以外
□ 爵士舞	juéshìwǔ	ジャズダンス		□ 改天	gǎitiān	日を改めて、後日
□ 跳∥舞	tiào wǔ	ダンスをする、踊る		□ ※灯	dēng	明かり
□ 失望	shīwàng	失望（する）、がっかりする				

学習のポイント

1 "不能不～"

"不能不～"は、「～しないわけにはいかない」「～せずには済まない」という意味を表し、当然行うべきことを強調します。

1) 到上海不能不吃小笼包。
　　Dào Shànghǎi bù néng bù chī xiǎolóng bāo.

2) 王老师送给我京剧票，我不能不去看。
　　Wáng lǎoshī sònggěi wǒ jīngjù piào, wǒ bù néng bú qù kàn.

2 "除了～以外……"

"除了～以外……"は、「～を除いては……」「～以外は……」という意味を表します。後に続くフレーズは、"都"などを用いて「～以外はすべて……」となる場合と、"还"などを用いて「～以外にもまだ……」となる場合があります。

1) 除了他以外，我们班的同学都参加了文化节的活动。
　　Chúle tā yǐwài, wǒmen bān de tóngxué dōu cānjiāle wénhuàjié de huódòng.

2) 除了清水以外，还有几个留学生一起跳爵士舞。
　　Chúle Qīngshuǐ yǐwài, hái yǒu jǐ ge liúxuéshēng yìqǐ tiào juéshìwǔ.

 34

After Dig

1．日本語の意味に合うように、空欄に適切な中国語を入れなさい。

1) ジャズダンスは簡単ではありません。そこでみんなはもう1日練習することに決めました。

　　跳爵士舞［　　　　　　］，所以大家决定多练习一天。

2) あいにく望月さんは用事があって先に宿舎に戻りました。

　　不巧望月［　　　　　　］先回宿舍去了。

3) 日を改めて、京劇観賞にお伴します。

　　［　　　　　　］我可以陪你去看京剧。

4）清水さん以外にも、何人かの友だちが一緒に劇を見に行きます。

　　除了清水 [　　　　　]，还有几个朋友一起去看戏。

5）この雨はとても突然でした。

　　这场雨下 [　　　] 好突然。

6）わたしは外部の塾へ行って韓国語を学びました。

　　我是去外面的 [　　　　　　] 学的韩语。

7）かまいません、この先きっとまた機会があるはずです。

　　没关系，以后 [　　　　] 还会有机会。

8）わたしは責任者なので、ダンスの練習に行かざるを得ません。

　　我是负责人，不能 [　　　] 去练习跳舞。

9）図書館はまだ開いています。急いで行きましょう。

　　图书馆还开着，我们 [　　　　] 进去吧。

10）何週間も練習して、わたしたちはやっとジャズダンスが踊れるようになりました。

　　练了 [　　　　　　　] 星期，我们才会跳爵士舞。

2．日本語の意味に合うように、次の言葉を並び替えて中国語の文を完成させなさい。

1）見たところ、今夜は大雨になりそうだ。

　　[下　今天　会　晚上　大雨　看起来]。

　　_____

2）私たちのサークルはもう1日練習することに決めました。

　　[社团　多　决定　一天　我们　练习]。

　　_____

3）彼を除いて、わたしたちはみんな活動に参加しました。

　　[他　都　除了　我们　了　参加　活动　以外，]。

　　_____

4）母が作ったごはんを、食べきらないわけには行きません。

　　[不能不　的　妈妈　做　吃完　饭，我]。

　　_____

5）日を改めて、映画鑑賞にお伴します。

　　[陪你　我　看　去　电影　改天]。

　　_____

6）見たところ、弟はとても嬉しそうな様子です。

　　[好像　样子　很　弟弟　的　高兴　看起来]。

　　_____

7）あいにくその日は暇がなくて、見に行けなくなりました。
［没空儿，了　不能　那天　去　看　不巧　我］。

8）明日は祖父の誕生日です。わたしはお祝いに行かないわけに行きません。
［不能不　庆祝　是　爷爷　的　我　去　明天　生日,］。

9）あなたは自分（1人）で行くつもりではなかったのですか？
［去　自己　你　看　的　吗　要　不是］？

10）月曜日のほかに、木曜日も休みです。
［星期一　星期四　以外，　还有　休息　除了］。

3．絵をみて質問に答えなさい。AとBはa～cから適切な答えを選びなさい。

1）a. 有一台电脑。 b. 开着呢。
　　c. 关着呢。

2）a. 窗户和灯。 b. 灯开着呢。
　　c. 有一台电脑。

3）a. 没有，关着呢。 b. 不是窗户。
　　c. 开着呢。

1）a. 望月和清水。 b. 不好，今天下雨。
　　c. 谢谢！

2）a. 没有带。 b. 今天下雨。 c. 清水给他。

3）a. 在学校里。 b. 是清水的。 c. 谢谢！

C

Step 4 🎧015

　　今天清水来教室找望月，不巧望月有事儿先回宿舍去了。我问清水有什么事儿，清水说她不能去看《西游记》了，因为她是文化节的小组负责人，下个星期一决定练习，不能不去。我问清水参加什么社团活动？她说："我参加了舞蹈社团。文化节那天要表演爵士舞。我本来星期一、四休息，但是跳爵士舞不容易，所以大家决定多练习一天。"清水看起来好像很失望的样子。我安慰她，"没关系，以后一定还会有机会。京剧除了《西游记》以外，还有很多好看的。改天我可以陪你去。"

第 15 課　我们还来得及看戏

Step 1

単語 🎧 016

□ 迟到	chídào 遅れる、遅刻する	□ ※ 请	qǐng お願いする、〜してもらう
□ 让	ràng 〜させる	□ ※ 帮//忙	bāng máng 手伝う、手助けする
□ 久等	jiǔděng 長らく待つ	□ ※ 爬	pá 這う、よじ登る
□ 以为	yǐwéi 〜と思う、思い込む	□ ※ 号码	hàomǎ 番号
□ 提	tí 提出する、持ち出す、手にもつ	□ ※ 菜	cài 料理、おかず、野菜
□ 公交车	gōngjiāochē バス	□ ※ 〜得了	〜deliǎo 〜できる、〜しおおせる
□ 一半	yíbàn 半分、半ば	□ ※ 着//急	zháo jí 慌てる、焦る
□ 故障	gùzhàng 故障（する）	□ ※ 慢慢儿	mànmānr ゆっくり
□ 幸亏	xìngkuī 運よく、幸い	□ ※ 想不起来	xiǎngbuqǐlái 思い出せない
□ 来得及	láidejí 間に合う	□ ※ 病	bìng 病気（になる）
□ 担//心	dān xīn 心配する、気づかう		

学習の ポイント

1 兼語文（1）：使役 " 让 "" 叫 "" 请 "

最初の動詞の目的語が次の動詞の主語を兼ねる文型を兼語文と言います。使役は兼語文の形を用います。" 让（させる）"" 叫（させる）"" 请（してもらう）" などの動詞を用いて、「A " 让／叫／请 " B〜（AがBに〜させる／してもらう）」というふうに表します。否定の " 不 " や " 没（有）" は、" 让 "" 叫 "" 请 " の前に置きます。

1) 妈妈叫我去买番茄。
   Māma jiào wǒ qù mǎi fānqié.

2) 你父母让不让你去留学？
   Nǐ fùmǔ ràngburàng nǐ qù liúxué?

3) 他没请朋友帮忙，自己拿行李去了。
   Tā méi qǐng péngyou bāngmáng, zìjǐ ná xíngli qu le.

2 可能補語

動詞と方向補語もしくは結果補語の間に " 得 " を置いて、その動作が実現可能であることを表します。否定するときは同じ場所に " 不 " を置きます。また、" 一得了 "" 一不了 " を用いて、「〜できる／〜できない」という意味を表すことができます。

1) 这本书我一天就看得完。
   Zhè běn shū wǒ yì tiān jiù kàndewán.

2) 山顶太远了，我爬不上去。
   Shāndǐng tài yuǎn le, wǒ pábushàngqu.

3) 现在来得及来不及登机？ — 还来得及。
　　Xiànzài láidejí láibují dēng jī?　　　Hái láidejí.

4) 今天我有事儿，去不了你家。
　　Jīntiān wǒ yǒu shìr, qùbuliǎo nǐ jiā.

3 "别〜（了）"

"别"は、相手に対して「〜するな、〜しないで」という禁止・制止の意味を表します。文末にしばしば語気助詞の"了"を伴います。

1) 别着急，慢慢儿来吧。
　　Bié zháo jí, mànmānr lái ba.

2) 你的病还没好，别喝酒了。
　　Nǐ de bìng hái méi hǎo, bié hē jiǔ le.

After Dig

1．日本語の意味に合うように、空欄に適切な中国語を入れなさい。

1）もう言わないで。今日の京劇には行けなくなりました。（可能補語を使う）

別提了，今天的京剧我 [　　　　　　　] 了。

2）わたしの携帯はちょうど電池がなくなりました。

我的手机刚好没 [　　] 了。

3）中国語を聞き取れますか？

你听 [　　] 懂听不懂汉语？

4）まだ時間があります。観劇には必ず間に合います。

我们还有时间，一定 [　　　　　　] 看戏。

5）幸いあなたは少し早く来るように言いました。

[　　　　　　] 你叫我早点儿来。

6）バスは道半ばまで来て、とつぜん故障しました。

公交车走到 [　　　　]，突然出故障了。

7）30分遅れました。たいへん長らくお待たせしました。

我迟到了30分钟，[　　] 你久等了。

8）冗談じゃない（もう言うな）。ぼくの乗った車が突然故障したんだ。

[　　　　　　　　]。我坐的车突然出故障了。

9）雨はあまりに突然でしたが、幸いにも雨傘を持っていました。

雨下得 [　　] 突然，幸亏我带了雨伞。

10）彼は友だちに手伝いを頼むことなく、自分で荷物を持って行きました。

他没请朋友 [　　　　　]，自己拿行李去了。

2．日本語の意味に合うように、次の言葉を並び替えて中国語の文を完成させなさい。

1）ごめんなさい。来るのが遅すぎました。

[太晚了　得　我　来　对不起,]。

_____

2）長らくお待たせして、本当に申し訳ありません。

[久等了，不好意思　让　你　真]。

_____

3）どうしてわたしに電話してくれなかったのですか？

[怎么　没　个　电话　给我　你　打]？

_____

39

4）わたしは本当に彼の電話番号が思い出せません。
　　[真的　他　我　电话　的　号码　想不起来]。

5）もともと公園に行こうと思っていたのですが、時間がなくなりました。
　　[公园，　我　时间　去　本来　但　想　了　没有]。

6）清水さんは今日は雨が降らないと思い込んで、傘を持ってきませんでした。
　　[以为　带伞　清水　今天　来　不会　没　下雨,]。

7）今夜はぼくが食事を奢ります。
　　[请　吃饭　今天　我　你　吧　晚上]。

8）君の病気は治っていません。酒を飲むのはよしなさい。
　　[喝酒　你　还　的　别　了　没好,　病]。

9）（わたしたち）劇を見終わってから食事に行きませんか？
　　[戏　后　看完　去　好不好　吃饭,　我们]？

10）彼女はわたしが来られなくなったと思い込んでいます。
　　[来不了　以为　她　我　了]。

3．次の日本語を中国語に訳しなさい。

1）母はわたしをスーパーまでトマトを買いに行かせました。

2）（わたしたちが）途中まで話したら、とつぜんケータイの電池がなくなりました。

3）（わたしたちには）まだ半時間あります。劇を見るのは間に合います。

4）わたしは本当に彼の電話番号が思い出せません。

5）彼は友だちに手伝わせたので、（彼らに）ご馳走しなければなりません。

Step 2 🎧 017

会話を聞く

■会話を書き取る 🎧017

A: □□□, □□□□□? □□□□□□?

B: □□□, □□□□□□□□。□□□□。

A: □□□□□□□□□。

B: □□□。□□□□□□, □□□□□□□□□。

A: □□□□□□□□□□□?

B: □□□□□□□。

A: □□□□□□□□□□, □□□□□□□。

B: □□□, □□□□□□□□□。□□□□□□□□。

A: □□□□□□□, □□□?

B: □, □□□□□, □□□□□□。

A: □□□□□□。

Step 3

単語　　🎧018

- □ 杯（量詞）　bēi　杯（さかずき、コップなどに入った液体を数える）
- □ 半路　bànlù　（道の）途中
- □ 一〜也不〜　yī〜yě bù〜　少しも〜せずに
- □ 出//事　chū shì　問題・事故が起こる
- □ 打不通　dǎbutōng　（電話が）通じない
- □ 急　jí　いそぐ、焦る
- □ 〜死了　〜sǐle　きわめて〜である、死ぬほど〜である
- □ 剧场　jùchǎng　劇場
- □ 里面　lǐmian　内、中
- □ 孙悟空　Sūn Wùkōng　孫悟空
- □ 出//场　chū chǎng　出場する
- □ 拍手　pāi shǒu　拍手（する）
- □ 叫//好　jiào hǎo　喝采する、囃し立てる
- □ 从来　cónglái　これまで
- □ 新鲜　xīnxiān　新鮮（である）
- □ ※ 来不成　láibuchéng　来られない
- □ ※ 富士山　Fùshìshān　富士山
- □ ※ 睡//觉　shuì jiào　眠る
- □ ※ 睡不着//觉　shuìbuzháo jiào　寝つけない、眠れない
- □ ※ 看得出来　kàndechūlai　見分けられる
- □ ※ 气　qì　気、精神、意気、怒り、息
- □ ※ 汽车　qìchē　自動車

学習のポイント

1 その他の可能補語

1) 我今年去不了中国。
　 Wǒ jīnnián qùbuliǎo Zhōngguó.
2) 今天他来不成了。
　 Jīntiān tā láibuchéng le.
3) 从这儿看得见富士山。
　 Cóng zhèr kàndejiàn Fùshìshān.
4) 我睡不着觉。
　 Wǒ shuìbuzháo jiào.

2 "死了"

動詞や形容詞の後に"死了"をつけて、程度がはなはだしいことを表すことができます。

1) 我气死了。
　 Wǒ qìsǐ le.

3 "一〜也不〜"

"一〜也不〜"は「少しも〜せずに」という意味を表します。

1) 他一看也不看就走了。
　 Tā yí kàn yě bú kàn jiù zǒu le.
2) 路上堵车，汽车一动也不动。
　 Lùshang dǔ chē, qìchē yí dòng yě bú dòng.

 36

After Dig

1．日本語の意味に合うように、空欄に適切な中国語を入れなさい。

1）清水さんのパフォーマンスはみんなを拍手喝采させました。

　　清水的表演 [　　] 大家拍手叫好。

2）わたしは望月さんと5時に会う約束をしました。

我和望月约好5点 [   ]。

3）「西遊記」の京劇は映画よりずっと面白い。

"西游记"的京剧比电影好看 [   ]。

4）彼は一眼も見ずに行ってしまいました。

他一看 [   ] 不看就走了。

5）彼女は一時間以上遅れ、わたしを死ぬほど慌てさせました。

她迟到了一个多小时，让我急 [   ]。

6）ぼくはどうしても彼女の電話番号が思い出せません。

我怎么也 [   ] 她的电话号码。

7）清水さんの電話がずっと繋がりません。

清水的电话一直 [   ]。

8）清水さんはグループの責任者なので、練習に行かないわけにはいきません。

清水是小组负责人，[   ] 去练习。

9）わたしの家から富士山が見えます。

从我家 [   ] 富士山。

10）ぼくはコーヒーを飲みすぎて、夜眠れません。

我喝了太多的咖啡，晚上 [   ]。

2．日本語の意味に合うように、次の言葉を並び替えて中国語の文を完成させなさい。

1）彼はみんなを手伝わせたので、ご馳走しなければなりません。
[请　帮忙，大家　他　吃饭　所以　叫　得]。

_____

2）バスは途中で少しも動かなくなりました。
[半路上　一　了　公交车　在　也　动　不动]。

_____

3）彼女がきたら、わたしたちはすぐに列に並んで入場します。
[一　就　马上　她　来，排队　我们　进场]。

_____

4）彼女はあまり楽しくないことが見て分かりました。
[看得出来　不太　我　她　高兴]。

_____

5）今日の京劇は彼女がぼくに行こうと誘ったのです。
[约　我　她　的　京剧　去　的　是　今天]。

_____

6）彼女はレポートが多すぎて書き終わらず、来られなくなりました。
［写不完，了 她 报告 来不成 太多］。

7）彼の病気は前よりずっとよくなりました。
［多 以前 的 比 好 病 了 他］。

8）わたしは何度も電話をかけましたが、一向に通じません。
［好几次 我 打不通 电话 打了 都］。

9）わたしはこれまで劇場で公演を見たことがありません。
［看过 我 剧场 没 表演 在 从来］。

10）車の渋滞がひどくて、わたしたちは間に合わなくなりました。
［来不及 堵 堵车 得 我们 了 厉害，］。

3．絵をみて質問に答えなさい。AとBはa～cから適切な答えを選びなさい。

1）a．一个人。 b．教室里。 c．对王老师。　　1）a．手机。 b．没有。 c．出故障了。
2）a．唐扬。 b．迟到了。 c．王老师。　　　　2）a．手机。 b．不能用。 c．没有。
3）a．是唐扬。 b．对不起，我迟到了。　　　　3）a．没有电了。 b．出故障了。 c．是手机。
　　c．这里没有望月。

今天我和陈丽丽看了京剧。本来是清水约我看的，但是她看不了了，所以让陈丽丽来。我和陈丽丽约好 5 点见面，本来想先和她逛公园，再去喝杯咖啡。但是她坐的公交车在半路上出了故障，一动也不动。我还以为她出事了。给她打了好几次电话，但是一直打不通，让我急死了。

陈丽丽一到，我们马上就排队进剧场。今天虽然是星期一，但是看戏的人非常多，剧场里面好热闹。孙悟空一出场，大家都拍手叫好。我从来没在剧场看过京剧的表演，比视频精彩多了，觉得很新鲜。看完京剧后，陈丽丽还请我吃了饭。

第 16 課　把以前的考题做一做

Step 1

単語

🎧 021

□ 安静	ānjìng　静かである、平穏である	□ ※ 皮肤	pífū　皮膚、肌
□ 背	bèi　暗誦する、暗記する	□ ※ 冰凉	bīngliáng　氷のように冷たい
□ 生词	shēngcí　新出単語	□ ※ 瓶(量詞)	píng　瓶（瓶に入ったものを数える）
□ 午饭	wǔfàn　昼食	□ ※ 可口可乐	Kěkǒukělè　コカコーラ
□ 水平	shuǐpíng　水準、レベル	□ ※ 检查	jiǎnchá　検査（する）、調べる
□ 试	shì　試す、試みる	□ ※ 洗	xǐ　洗う
□ 试题	shìtí　試験問題	□ ※ 丢	diū　なくす、失う
□ 过关	guòguān　（関門、テスト、難関を）通過する、パスする	□ ※ 爱上	àishang　好きになる
□ 打扰	dǎrǎo　じゃまする、迷惑をかける	□ ※ 大门	dàmén　正門、表門
□ 继续	jìxù　継続（する）、続ける	□ ※ 借	jiè　借りる、貸す
□ 埋头苦干	mái tóu kǔ gàn　熱中して一生懸命やる、わき目も振らずにやる	□ ※ 擦	cā　こする、拭く
		□ ※ 关	guān　閉じる
□ ※ 雪白	xuěbái　真っ白（である）	□ ※ 做//作业	zuò zuòyè　宿題をする

学習の ポイント

1 形容詞の重ね形

単独の形容詞はものごとの性質・属性（静態）を表しますが、形容詞をふたつ重ねて、そのときのものごとの具体的な状況や状態（動態）を表す、話し手の気持ちがこもった表現にすることができます。

このとき "很" や "不" は付きません。また、述語となるときは "的" を用いることがあります。

2 音節の形容詞（AB）の重ね方は、ふつう AABB の形で表します。色彩や感覚に関わる比喩的な形容詞は ABAB と表すことがあります。

1) 好　　　　好好（儿）　　　　你应该好好儿学习。
　 hǎo　　　hǎohāo (r)　　　　Nǐ yīnggāi hǎohāor xuéxí.

2) 安静　　　安安静静　　　　　教室里安安静静的。
　 ānjìng　　ānānjingjing　　　Jiàoshìlǐ ānānjingjing de.

3) 清楚　　　清清楚楚　　　　　你说得清清楚楚。
　 qīngchu　qīngqīngchuchu　Nǐ shuōde qīngqīngchuchu.

4) 雪白　　　雪白雪白　　　　　她的皮肤雪白雪白的。
　 xuěbái　　xuěbáixuebai　　Tā de pífū xuěbáixuebai de.

5) 冰凉　　　冰凉冰凉　　　　　这瓶可口可乐冰凉冰凉的。
　 bīngliáng　bīngliángbingliang　Zhè píng Kěkǒukělè bīngliángbingliang de.

47

2 完了の"过"

動詞の後の"过"は、経験（～したことがある）という意味のほかに、動作が終わったこと（完了）を表す場合があります。習慣的な動作などに用い、"了"を伴うことができます。また、過去に限ることなく用いることができます。否定は"没（有）"を用い、"过"は付けません。

1) 你吃过饭吗？ － 我吃过了。／我还没吃。（× 我还没吃过。）
　　Nǐ chīguo fàn ma?　　　Wǒ chīguo le.　Wǒ hái méi chī.

2) 行李检查过了。　　　　　3) 你吃过饭再来吧。
　　Xíngli jiǎncháguo le.　　　　Nǐ chīguo fàn zàilái ba.

3 処置文："把"

介詞"把"を用いて、どんな対象に対して、どんな動作（処置）を行うか（行ったか）を強調して述べることができます。

1) 他把那本书看完了。　　　cf. 他看完了那本书。
　　Tā bǎ nà běn shū kànwánle.　　Tā kàn wánle nà běn shū.

"把"を用いる文には次のような約束事があります。

1. 動詞は対象に変化を起こさせたり、影響を与える動作でなくてはなりません。
（心理・感覚を表す動詞や自動詞は用いません）

2) 你把衣服洗好吗？　　　3) 我把手机丢了。
　　Nǐ bǎ yīfu xǐhǎo ma?　　　Wǒ bǎ shǒujī diū le.

4) （我爱上你）　　　　　× 我把你爱上了
　　Wǒ àishang nǐ

5) （我进了大门）　　　　× 我把大门进了
　　wǒ jìnle dàmén

2. 動作の対象は特定のもの・人でなければなりません。

6) 你把（那本）书借给我。　　× 你把一本书借给我。
　　Nǐ bǎ (nà běn) shū jiègěi wǒ.

3. 動詞は単独では用いません。（動作の量・結果・目的語などを伴います）

7) 他把饭吃了。　　　　　8) 你把桌子擦一擦。
　　Tā bǎ fàn chī le.　　　　Nǐ bǎ zhuōzi cā yi cā.

9) 请你把门关上。　　　　10) 我把话说得清清楚楚。
　　Qǐng nǐ bǎ mén guānshang.　　Wǒ bǎ huà shuōde qīngqīngchuchu.

4. "能"などの助動詞や、否定の副詞"不""没"などは"把"の前に置きます。

11) 你能把那个行李拿下来吗？　× 你把那个行李拿得下来吗？
　　Nǐ néng bǎ nà ge xíngli náxialai ma?

12) 我还没把作业做完。
　　Wǒ hái méi bǎ zuòyè zuòwán.

After Dig

1．日本語の意味に合うように、空欄に適切な中国語を入れなさい。

1）（あなたは）以前の試験問題を少しやっておけば、合格できます。

你把以前的试题 [   ] 就可以过关了。

2）あなたは何に忙しくしているところですか？

你 [   ] 忙些什么？

3）金雪花さんは静かに教室で座っていました。

金雪花 [   ] 地坐在教室里。

4）じゃまはしません。単語の暗記を続けてください。

我不打扰了，你继续 [   ] 生词吧。

5）もう宿題はやり終わりましたか？

你已经把作业 [   ] 了吗？

6）試験が難しくて、多くの人が合格できないと聞きました。

我听说考试很难，很多人 [   ]。

7）わたしは 11 時に昼食を済ませました。

我 11 点就吃过 [   ] 了。

8）まず 5 級の「漢語水平考試」を試してみようと思います。

我想先 [   ] 五级的"汉语水平考试"。

9）このコカコーラは氷のように冷たい。

这瓶可口可乐 [   ] 的。

10）金雪花さんはわき目も振らず宿題を終わらせました。

金雪花 [   ] 地把作业做完了。

2．日本語の意味に合うように、次の言葉を並び替えて中国語の文を完成させなさい。

1）わたしは服をまっさらに（とても清潔に）洗いました。

[把　干干净净　我　洗　得　的　衣服]。

_____

2）（ぼくは）君の試験の準備はじゃましません。

[打扰　准备　不　你　我　考试]。

_____

3）5 級に受かろうと思ったら、そんなに簡単ではありませんよ。

[五级，那么　没　考上　容易　吧　想]。

_____

49

4）以前の問題をきちんとやれば大丈夫です。
[做好　你　以前　可以　的　就　了　试题　把]。

_____

5）君は1人で教室で何をしているんですか？
[做　教室里　一个人　在　你　什么]？

_____

6）彼女はわき目もふらず宿題を終わらせました。
[地　她　作业　做完　埋头苦干]。

_____

7）荷物は検査しました、わたしたち入りましょう。
[过　行李　进去　了，检查　我们　吧]。

_____

8）どうかその本をわたしに貸してください。
[借给　本　把　书　我　你　那　请]。

_____

9）（あなたは）レポートを書き終われば山は越えます。
[可以　写完　过关　你　把　就　了　报告]。

_____

10）わたしは最近ほとんど彼女を見かけません。
[看见　最近　我　她　很少]。

_____

_____

3．次の日本語を中国語に訳しなさい。

1）彼女はわき目もふらず宿題を終わらせました。

_____

2）大学に受かろうと思ったら、そんなに簡単ではありませんよ。

_____

3）あなたの試験の準備のじゃまはしません。

_____

4）以前の試験問題をきちんとやれば大丈夫です。

_____

5）あなたはどうして1人で教室にいるのですか？

_____

Step ❷　　🎧 022

会話を聞く

■会話を書き取る

A: □□□, □□□□□□□□□□□□□□□?
B: □□, □□□□□□□。
A: □□□□□□?
B: □□□□□□。
A: □□□□□□, □□□□□?
B: □□□□□。□□□□□□"□□□□□"。
A: □□□□□?
B: □□□□□□。
A: □□□□□□□。□□□□□□□□□, □□□□□□。
B: □□□□□。□□□□, □□□□□□。
A: □□, □□□□□。□□□□□□□。

Step ③

単語 🎧 **023**

- □ 紧张　　　 jǐnzhāng　緊張（している）、緊迫している
- □ 直到～才……　 zhídào～cái……　～になってはじめて……
- □ 深夜　　　 shēnyè　深夜
- □ 为了～　　 wèile　～のため
- □ 从头到尾　 cóng tóu dào wěi　最初から最後まで、一部始終
- □ 按照～　　 ànzhào　～に照らして、～によって、～のとおり
- □ ～来说　　 ～lái shuō　～から言うと、～にとっては
- □ 实力　　　 shílì　実力
- □ 大意　　　 dàyi　うっかりする、不注意である、ゆだんする
- □ 不管　　　 bùguǎn　～に関わりなく

- □ 结果　　　 jiéguǒ　結果
- □ 聚　　　　 jù　集まる、集合する
- □ 在一起　　 zài yìqǐ　同じ所に～（いる、ある）
- □ 房间　　　 fángjiān　部屋
- □ 打扫　　　 dǎsǎo　掃除する
- □ 干净　　　 gānjìng　清潔である、きれいである
- □ 赞成　　　 zànchéng　賛成する
- □ 凑//热闹　 còu rènao　遊びの仲間に入る、座を盛り上げる
- □ ※ 明白　　 míngbai　分かる、はっきりしている
- □ ※ 想法　　 xiǎngfǎ　考え、思いつき、意見
- □ ※ 凌晨　　 língchén　明け方、夜明け
- □ ※ 同意　　 tóngyì　同意（する）
- □ ※ 跑//步　 pǎo bù　ジョギングする
- □ ※ 照片　　 zhàopiàn　写真
- □ ※ 容易　　 róngyì　容易である、やさしい

学習の ポイント

1 "越～越……"

"越～越……" は「～すればするほど、ますます……だ」という意味で、前の状況が進行するにつれて、後の状況も比例して変化することを表します。

1) 他越走越远了。
   Tā yuè zǒu yuè yuǎn le.

2) 价格越便宜，买的人越多。
   Jiàgé yuè piányi, mǎi de rén yuè duō.

2 "直到～才……"

"直到～才……" は、「～になってはじめて…」「～になるまで…でない」という意味を表します。

1) 我直到现在才明白他的想法。
   Wǒ zhídào xiànzài cái míngbai tā de xiǎngfǎ.

2) 他每天直到凌晨才睡觉。
   Tā měitiān zhídào língchén cái shuìjiào.

3 "不管～"

"不管～" は「～に関わらず」という意味を表します。"不管～" の後にはふつう、"都""也""总" などを用いたフレーズが続き、条件がどのようであろうと、それに関わらず結果は同じという譲歩構文を作ります。

1) 不管谁来参加都欢迎。
   Bùguǎn shéi lái cānjiā dōu huānyíng.
2) 不管我说什么，他总是不同意。
   Bùguǎn wǒ shuō shénme, tā zǒngshì bù tóngyì.
3) 不管明天天气好不好，我也要去跑步。
   Bùguǎn míngtiān tiānqì hǎo bu hǎo, wǒ yě yào qù pǎobù.

4 "人 ＋ 这儿（这里）／那儿（那里）"

人称代名詞や人を示す名詞の後に"这儿（这里）""那儿（那里）"をつけて、「誰々のところ」という場所を表すことができます。

1) 你的照片在我这儿。
   Nǐ de zhàopiàn zài wǒ zhèr.
2) 我从哥哥那儿回来了。
   Wǒ cóng gēge nàr huílái le.
3) 我们去唐扬那儿庆祝生日。
   Wǒmen qù Táng Yáng nàr qìngzhù shēngri.

After Dig

1．日本語の意味に合うように、空欄に適切な中国語を入れなさい。

1) みんなで約束しました。日曜日に集まろうって。

   大家都说好了，星期天要[　　]在一起。

2) 彼女の考え方に照らせば、同意するはずがない。

   [　　　　]她的想法，应该不同意吧。

3) 結果がどうでも、試験の後はちゃんとお祝いしなくてはなりません。

   [　　　　]结果怎么样，考完试后要好好儿庆祝。

4) 試験の準備をするために、わたしは急いで家に帰らなければなりません。

   [　　　　]准备考试，我得赶快回家

5) 望月さんは自分の部屋をとてもきれいに片付けました。

   望月把自己的房间打扫[　　]非常干净。

6) お酒を飲んでお喋りすると聞くや、みんな拍手で賛同しました。

   一听到喝酒聊天儿，大家都[　　　　]赞成。

7) 考えれば考えるほど緊張して、昨日の夜はおそくまでずっと眠れませんでした。

   我越想越紧张，昨天晚上[　　　　]深夜才睡着。

8) ご飯を食べたら、（わたしたち）外へ遊びに行っても構いません。

   [　　　　]午饭，我们就可以出去玩儿了。

9）私たちは唐揚さんのところへ誕生日のお祝いに行きます。

我们去唐扬 [   ] 庆祝生日。

10）あなたの実力からすれば、5級に合格できるはずです。

[   ] 你的实力，应该考上五级。

2．日本語の意味に合うように、次の言葉を並び替えて中国語の文を完成させなさい。

1）母はぼくに服を洗わせました。

[衣服 把 叫 洗好 妈妈 我]。

_____

2）試験問題はやさしいが、やはり油断してはいけません。

[试题 还是 虽然 不能 大意 很 容易，]。

_____

3）雨が降っても降らなくても、わたしはジョギングしようと思います。

[下雨，下雨 跑步 不管 都 不 要 我]。

_____

4）わたしは今になってようやくかれの考えが分かりました。

[明白 想法 我 他 的 现在 才 直到]。

_____

5）まだ宿題をやり終えていないのですか？

[作业 你 把 做完 吗 还 没]？

_____

6）雨に濡れないために、急いで家に帰らなければなりません。

[赶快 为了 不 雨，我 回家 得 淋到]。

_____

7）もう数日すれば試験になります。

[几天 了 过 就 考试 再 要]。

_____

8）わたしたちはみんな、望月さんのところへ行って賑やかにやるつもりです。

[那里 去 打算 凑热闹 都 我们 望月]。

_____

9）時間からすれば、彼はもう着いているはずだ。

[他 应该 已经 时间，按照 到了]。

_____

10) わたしは教科書を最初から最後まで一通り復習しました。
　　[复习　从头到尾　课本　我　了　把　一遍]。

3．絵をみて質問に答えなさい。AとBはa～cから適切な答えを選びなさい。

1) a. 没有陈丽丽。　b. 在。
　 c. 桌子上。
2) a. 在桌子上。　b. 打开窗户。
　 c. 望月。
3) a. 打扫房间。　b. 唐扬。
　 c. 他们不在教室。

1) a. 没有望月。　b. 她在学习英语。
　 c. 她们在教室。
2) a. 她们在准备考试呢。　b. HSK。
　 c. 教室里。
3) a. 是清水。　b. 她们在复习功课。
　 c. 不是 HSK，是英语。

56

Step ④ 025

再过几天我们留学生就要考试了。我越想越紧张，昨天晚上直到深夜才睡着。为了这次考试，我认真地把学校的课本从头到尾复习了一遍，还把以前的试题做了两次。唐扬告诉我，按照我的实力来说，应该是没问题的。我听了很高兴，不过还是不能大意。

这次考试除了我以外，清水和望月也要参加。我们都说好了，不管结果怎么样，考完试，大家一定聚在一起好好儿庆祝。望月说他要把自己的房间打扫干净，请大家去喝酒聊天儿。我们都拍手赞成，连不用考试的唐扬和陈丽丽都说，他们也要去望月那里凑热闹。

◀上海の繁華街

▲胡同（北京）の
　古い街並み▶

◀春節の食卓

第 17 課　小心！后面来了一辆车

Step 1

単語

🎧026

□ 客气	kèqi	遠慮する、ていねいである		□ 啤酒	píjiǔ	ビール
□ 危险	wēixiǎn	危険		□ 只(量詞)	zhī	匹、羽（動物・鳥類を数える）
□ 皮蛋	pídàn	ピータン		□ 烤鸭	kǎoyā	北京ダック
□ 盘(量詞)	pán	皿、台（皿に載ったもの、機械などを数える）		□ 包子	bāozi	餡入りの饅頭
□ 豆腐	dòufu	豆腐		□ ※ 杂志	záshì	雑誌
□ 包	bāo	包む		□ ※ 停车场	tíngchēchǎng	駐車場
□ 水饺	shuǐjiǎo	水餃子		□ ※ 货车	huòchē	貨車、荷物用トラック

学習の ポイント

1 存現文

人や事物の出現・存在・消失を述べるとき、「特定の場面（場所・時間）＋動詞＋人や事物」の形で表現します。場所や時間は、自明のとき省略することができます。なお、人や事物は初めて提示される不特定のものです。

1) 前边走过来了一个人。（出現）
　 Qiánbian zǒuguòlaile yí ge rén.
　 cf. 望月从前边走过来了。
　 Wàngyuè cóng qiánbiān zǒuguòlai le.

2) 桌子上放着一本杂志。（存在）
　 Zhuōzishang fàngzhe yì běn zázhì.

3) 刚才停车场里开走了一辆货车。（消失）
　 Gāngcái tíngchēchǎngli kāizǒule yí liàng huòchē.

2 疑問詞の呼応

1つの文の前の句と後の句に同じ疑問詞を用いて、前の句の条件にあてははまるものは例外なく後の句の結果にあてはまることを表します。

1) 你想去哪儿就去哪儿吧。
　 Nǐ xiǎng qù nǎr jiù qù nǎr ba.

2) 谁对她好，她就喜欢谁。
　 Shéi duì tā hǎo, tā jiù xǐhuan shéi.

3) 你要什么，我给你什么。
　 Nǐ yào shénme, wǒ gěi nǐ shénme.

Go to Dig 39

After Dig

1．日本語の意味に合うように、空欄に適切な中国語を入れなさい。

1）気をつけて、後ろから車が来ました。

小心一点儿，后面来了一辆 [　　　]。

2）わたしはたくさん水餃子を作りましたが、みんなに食べてもらうにはまだ足りません。

我包了很多水饺，给大家吃还是 [　　　　　]。

3）どこでもあなたの行きたいところに行きましょう。

你想去哪儿，我们就去 [　　　　] 吧。

4）教室に外国の学生が１人座っています。

教室里坐着一个外国 [　　　　　]。

5）わたしは陳麗麗さんのお供をしてスーパーへ買い物に行きました。

我 [　　　] 陈丽丽去超市买东西。

6）駐車場から車が１台走り去って行きました。

停车场里 [　　　　] 了一辆汽车。

7）遠慮しないで、ぼくたちはみんな親友だ。

[　　　　　　　]，我们都是好朋友。

8）唐揚さんは望月君が部屋を掃除するのを手伝いに行くことにしています。

唐扬要去 [　　　] 望月打扫房间。

9）机の上に雑誌が１冊置いてあります。

桌子上 [　　　　] 一本杂志。

10）母が作ってくれる料理はなんでもみんな好きです。

妈妈做的菜，我 [　　　　] 都喜欢。

2．日本語の意味に合うように、次の言葉を並び替えて中国語の文を完成させなさい。

1）あの車はスピードの出し過ぎで、とても危険だ。

[车　那　好　辆　太快，开得　危险]。

_____

2）前から人が歩いて来ました。

[人　一个　前面　走过来了]。

_____

3）わたしは彼女のお供をしてスーパーへ買い物に行きました。

[去　我　超市　她　陪　买东西]。

_____

4）わたしはたくさんの水餃子を作りましたが、足りていますか？
[够吃了　包了　水饺，我　没有　很多]？

_____

5）誰でもわたしによくしてくれる人が好きです。
[谁　喜欢　对我　好，我　就　谁]。

_____

6）彼は私たちにピータン豆腐をひと皿作ってくれました。
[他　我们　一盘　做了　皮蛋豆腐　给]。

_____

7）わたしは唐揚さんに北京ダックを買いに行かせました。
[烤鸭　我　去　叫　买　唐扬]。

_____

8）わたしは肉まんをいくつか持って望月さんのところに行きました。
[望月　几个　我　带了　去　那里　包子]。

_____

9）遠慮しないでください、これはわたしが当然すべきことですから。
[别　是　我　客气，这　应该　的　做　事]。

_____

10）気をつけて！　後ろから車が来ています。
[后面　一辆　开来了　小心！车]。

_____

３．次の日本語を中国語に訳しなさい。

1）前から数人の学生が（歩いて）やって来ます。

_____

2）わたしはたくさん水餃子を作りましたが食べ足りましたか？

_____

3）机の上に雑誌が１冊置いてあります。

_____

4）誰でもわたしによくしてくれる人が好きです。

_____

5）遠慮しないでください、これはわたしが当然すべきことですから。

_____

Step 2

会話を聞く

■会話を書き取る 🎧027

A: □□, □□□□□□□□□□
□。

B: □□□。□□□□□□□, □
□□□□。

A: □□, □□! □□□□□□□□。

B: □□□。□□□□□□。

A: □□□□□□□? □□□□□
□□□, □□□□□□。

B: □□□□□□。□□□, □□
□□□。

A: □□□。□□, □□□□□□□□
□□□□□□。

B: □□□□□□□□□。

A: □, □□□□□□□□□□□□□。

B: □□□□□□□□□□□。

A: □□□, □□□□。

Step 3

単語

□ 敲//门	qiāo mén	ドアを叩く、ノックする
□ 累	lèi	疲れる、疲労する
□ 幸好	xìnghǎo	幸い、運よく
□ 差(一)点儿	chà(yì)diǎnr	もう少しで、すんでのところで
□ 设备	shèbèi	設備
□ 齐全	qíquán	揃っている、完備している
□ 而且	érqiě	しかも～
□ 朝南	cháo nán	南向き
□ 乱七八糟	luàn qī bā zāo	乱雑である、ゴタゴタしている
□ 地上	dìshang	床、地面
□ 放回去	fànghuíqu	もとの場所に戻す
□ 书架	shūjià	本棚
□ 差不多	chàbuduō	だいたい、ほとんど
□ 收拾	shōushi	片付ける、始末する
□ 翻译	fānyì	翻訳（する）、通訳（する）
□ 赚//钱	zhuàn qián	金を儲ける、稼ぐ
□ 零花钱	línghuāqián	小遣い
□ 外语	wàiyǔ	外国語
□ 好处	hǎochù	利益、恩恵、長所
□ ※ 学会	xuéhuì	マスターする、学んで身につける
□ ※ 摔倒	shuāidǎo	転ぶ、倒れる
□ ※ 赶上	gǎnshàng	追いつく、間に合う
□ ※干//杯	gān bēi	乾杯（する）

学習のポイント

1 "差(一)点儿"

副詞の"差(一)点儿"は「もう少し」「すんでのところで」という意味を表します。

1) 我差(一)点儿死了。
   Wǒ chà(yì)diǎnr sǐle.

2) 我差(一)点儿摔倒了。
   Wǒ chà(yì)diǎnr shuāidǎo le.

3) 我差(一)点儿没赶上。
   Wǒ chà(yì)diǎnr méi gǎnshàng.

2 "一本一本地"

"一（量詞）一（量詞）～"で「ひとつずつ」「次々に」という意味を表すことができます。

1) 我一本一本地放回去。
   Wǒ yì běn yì běn de fànghuíqu.

2) 他们一个一个地走过来。
   Tāmen yí ge yí ge de zǒuguòlai.

3 積極性を示す："来""去"

動詞の前に"来""去"を付けて積極的に動作に取り組むさまを表すことができます。

1) 我来干杯！
   Wǒ lái gān bēi!

2) 你去开车，让我来付钱。
   Nǐ qù kāi chē, ràng wǒ lái fù qián.

After Dig

1．日本語の意味に合うように、空欄に適切な中国語を入れなさい。

1）もう１つ外国語をマスターすると、利点がかなりあります。

多 [　　　　　]一种外语，好处比较多。

2）彼女の部屋は立っている場所さえありません。

她的房间 [　　]站的地方都没有。

3）あなたが教えてくれてよかった。ぼくは思い出せないところでした。

幸好你告诉我，我 [　　　　　]想不起来。

4）長い間ドアをノックして、やっと望月さんは開けてくれました。

我敲门敲了 [　　　　]，望月才来开。

5）彼は本を１冊ずつ本棚に戻しました。

他把书 [　　　　　　　　]放回书架去。

6）彼の本棚にはたくさんの雑誌が雑然と置いてあります。

他的书架上 [　　　　　　　]地放了很多杂志。

7）望月さんは見たところ少し疲れているようです。

望月看起来 [　　　　　]累。

8）わたしは臨時の通訳をして、少し小遣いを稼ぎました。

我当临时翻译，[　　]了一点儿零花钱。

9）わたしにビールのお金を出させてくださいな。

让我 [　　]出啤酒的钱吧。

10）彼女の部屋は設備が揃っていて、しかも南向きです。

她的房间设备很齐全，[　　　　]朝南。

2．日本語の意味に合うように、次の言葉を並び替えて中国語の文を完成させなさい。

1）わたしが乾杯の音頭を取ります。

[干杯　来　我]。

_____

2）わたしは次々に水餃子を食べました。

[一个一个　我　吃下去　水饺　把　地]。

_____

3）あなたの部屋は散らかっているので、片付けなければなりません。

[收拾　乱七八糟，　的　房间　你　一下　得]。

_____

65

4）あの日は雨が降って、もう少しで転ぶところでした。
　　[那天　差点儿　我　摔倒　下雨，　了]。

5）あなたが訪ねて来てくれてよかった。わたしはもう少しで起きられないところでした。
　　[差点儿　我，找　我　来　你　起不来　幸好]。

6）今日の夕食はわたしに払わせてください。
　　[让我　的　来　晚饭　付钱　今天]。

7）臨時の通訳をすれば小遣いを稼げます。
　　[翻译　当　临时　可以　零花钱　赚]。

8）部屋はほとんど全部片付きました。
　　[差不多　好　收拾　了　房间　都]。

9）もう１つ外国語をマスターするといいことがありますか？
　　[外语　一种　学会　有　多　吗　好处]？

10）彼の部屋は立つ場所さえありません。
　　[站　连　的　都　他　没有　地方　的　房间]。

3．絵をみて質問に答えなさい。AとBはa～cから適切な答えを選びなさい。

A

1）a．胡同里。　b．开来了一辆车。
　　c．清水。
2）a．一辆汽车。　b．小心
　　c．是清水。
3）a．他们不在学校。　b．小心。
　　c．一辆汽车。

B

1）a．有几个学生。　b．进来了一个学生。
　　c．教室里。
2）a．一共五个学生。　b．他们都坐着。
　　c．一个学生。
3）a．这里没有一个老师。　b．从前面。
　　c．一个学生。

C

Step 4

🎧030

今天上午我去帮望月打扫房间。我敲门敲了半天，他才开门。望月说："刚考完试，有点儿累，幸好你来找我，我差点儿起不来。"望月的房间不大，不过设备都很齐全，而且朝南。但是现在乱七八糟的，连站的地方都没有。望月把地上的衣服拿起来，放到要洗的衣服里。我帮他把书一本一本地放回书架去。

当房间差不多都收拾好的时候，望月说："这次让你帮了这么多忙，啤酒的钱我来出。"我问他说："你哪里来那么多的钱？"他说他在一家日本公司当临时翻译，赚了一点儿零花钱。看起来多会一种外语，好处还是不少的。

第 18 課　他的自行车被人撞坏了

Step 1

単語　🎧 031

□ 骑	qí	またがって乗る
□ 自行车	zìxíngchē	自転車
□ 撞坏	zhuànghuài	ぶつかって壊れる
□ 修理	xiūlǐ	修理する
□ 受//伤	shòu shāng	ケガをする、負傷する
□ 还好	hái hǎo	まずまずである、悪くはない
□ 反正	fǎnzhèng	いずれにせよ、どうせ、どのみち
□ 习惯	xíguàn	習慣、慣れる
□ 发表	fābiǎo	発表（する）
□ 用功	yònggōng	勉強する、努力する
□ ※被	bèi	～される
□ ※摩托车	mótuōchē	オートバイ
□ ※院子	yuànzi	中庭
□ ※树	shù	樹木
□ ※大风	dàfēng	大風
□ ※刮倒	guādǎo	吹き倒す
□ ※玻璃杯	bōlibēi	ガラスのコップ、グラス
□ ※孩子	háizi	子ども
□ ※打碎	dǎsuì	打ち砕く
□ ※偷	tōu	盗む
□ ※任务	rènwù	任務
□ ※完成	wánchéng	完成（する）

学習のポイント

1 受け身文：" 被 "" 让 "" 叫 "" 给 "

介詞 " 被 "" 让 "" 叫 "" 给 " を用いて受け身の意味を表すことができます。" 被 " は動作の主を省くことができます。" 能 " などの助動詞や、否定の副詞 " 不 "" 没 " などは介詞の前に置きます。

1) 我的摩托车被（人）骑去了。
　　Wǒ de mótuōchē bèi (rén) qíqù le.

2) 我的书让他借走了。
　　Wǒ de shū ràng tā jièzǒu le.

3) 院子里的树叫大风刮倒了。
　　Yuànzi lǐ de shù jiào dàfēng guādǎo le.

4) 玻璃杯给孩子打碎了。
　　Bōlibēi gěi háizi dǎsuì le.

5) 他的钱包没被偷。
　　Tā de qiánbāo méi bèi tōu.

2 意味上の受け身文

主語が話題の提示の働きをする中国語では、主語が動作の受け手であることがはっきりしているとき、自然に受け身の意味を表します。

1) 任务完成了。
　　Rènwù wánchéng le.

2) 成绩发表了。
　　Chéngjì fābiǎo le.

After Dig

1．日本語の意味に合うように、空欄に適切な中国語を入れなさい。

1）前回の試験の成績はすでに発表されました。

上次考试的成绩已经 [　　　　] 了。

2）わたしの自転車は唐揚さんに借りて行かれました。

我的自行车让唐扬 [　　　　] 了。

3）どのみちわたしは日本でもよく歩いているので、慣れています。

[　　　　] 我在日本也常走路，习惯了。

4）あなたは今日どうして自転車に乗っていないのですか？

你今天怎么没 [　　] 自行车?

5）彼女の財布は盗まれませんでした。

她的钱包没被 [　　　]。

6）私の自転車はぶつかられて壊れてしまいました。

我的自行车 [　　] 人撞坏了。

7）唐揚さんの自転車はどうしたのですか？

唐扬的自行车 [　　　　] 了?

8）彼は病院に行きましたが、何も問題はありませんでした。

他去了医院，没 [　　　　] 问题。

9）そんなに勉強したのだから、きっと合格できます。

你那么用功，[　　　　] 能过关。

10）わたしの車は今ちょうど修理中です。

我的车现在 [　　　　] 修理呢。

2．日本語の意味に合うように、次の言葉を並び替えて中国語の文を完成させなさい。

1）私たちの任務は達成されました。

[完成　的　了　任务　我们]。

_____

2）中庭の木が大風に吹き倒されました。

[大风　的　叫　了　院子里　刮倒　树]。

_____

3）彼は車にぶつかられて、いま病院にいます。

[撞了，　在医院　被　车　他　现在　里]。

_____

70

4）（あなたは）そんなに勉強したのだから、試験はきっと問題ありません。
[没问题　那么　考试　你　一定　用功,]。

_____

5）わたしは彼が転んでケガをしたと聞きました。
[摔倒　他　我　受伤　了　听说]。

_____

6）あなたの自転車はぶつかられて壊れたのですか？
[自行车　的　你　被　吗　了　撞坏]？

_____

7）わたしは自転車がなくてとても不便です。
[很　我　不方便　自行车　没有]。

_____

8）わたしはネットに入って成績発表を見ました。
[成绩　我　发表　看了　上网]。

_____

9）わたしの雑誌は妹に借りて行かれました。
[妹妹　我　杂志　给　的　了　借去]。

_____

10）いずれにせよ彼女が明日戻ってきたら、わたしは行くのをやめます。
[明天　不去　反正　回来，　我　她　就　了]。

_____

3．次の日本語を中国語に訳しなさい。

1）どのみちわたしはいつも歩いているので、もう慣れています。

_____

2）お父さんはテレビを修理に持って行きました。（" 把 " を使う）

_____

3）わたしの自転車は彼女に借りて行かれました。

_____

4）あなたは今日どうして自転車に乗っていないのですか？

_____

5）試験の成績はすでに発表されました。

_____

Step ❷ 🎧 032

会話を聞く

■会話を書き取る 🎧032

A: □□, □□□□□□□□□□ ?

B: □□□□□□□□□□□ 。

A: □□□□□□□□ ?

B: □□□□□, □□□□□□ 。

A: □□□□□□ ?

B: □□□□□□□, □□□□□ 。

A: □□□□□□□□□ ?

B: □□, □□□□□□□□□□□, □□□ 。

A: □□□ 。□□, □□□□□□□□ □□□□□ 。

B: □□, □□□□□□ 。□□□□□ □ 。□□ ?

A: □□□□□ 。□□□ ?

B: □□□□□, □□□□□ □□ 。

Step 3

単語 🎧033

□ 称为	chēngwéi	～と称する、～という
□ 政府	zhèngfǔ	政府、役所
□ 认定	rèndìng	認める、認定する
□ 能力	nénglì	能力
□ 通过	tōngguò	～を通じて、通過する
□ 进步	jìnbù	進歩（する）
□ 举行	jǔxíng	挙行する、行う
□ 挑战	tiǎozhàn	挑戦（する）、挑む
□ 方法	fāngfǎ	方法、やり方
□ 分成	fēnchéng	～に分かれる、～に分ける
□ 听力	tīnglì	ヒアリング能力、聴力
□ 阅读	yuèdú	よむ、閲読する
□ 书写	shūxiě	書く
□ 部分	bùfen	部分、一部（の）
□ 考生	kǎoshēng	受験生
□ 需要	xūyào	需要、必要（とする）、必要である
□ 内容	nèiróng	内容
□ 选出	xuǎnchū	選出（する）
□ 答案	dá'àn	答え、回答
□ 词语	cíyǔ	語句、字句
□ 或	huò	あるいは、～や
□ 句子	jùzi	文、センテンス
□ 填入	tiánrù	埋める、記入する
□ 空格	kònggé	空欄、空白部分
□ 造出	zàochū	造る、創出する
□ 满分	mǎnfēn	満点
□ 超过	chāoguò	超える、超過する、追い越す
□ 及格	jígé	合格する、及第する
□ ※后来	hòulái	その後、それから

学習のポイント

1 "比"と様態補語

様態補語の文で比較を言う場合は、比較の対象を"動詞＋得"の直前か直後に置きます。

1) 他（说）汉语比我说得流利。 ／ 他（说）汉语说得比我流利。
   Tā shuō Hànyǔ bǐ wǒ shuōde liúlì.　　　　Tā shuō Hànyǔ shuōde bǐ wǒ liúlì.

   × 他比我（说）汉语说得流利。

2) 我（做）菜做得没有她那么好。
   Wǒ (zuò) cài zuòde méiyǒu tā nàme hǎo.

2 結果補語の"为""成"

1) 请你把这本中文书翻译成日文。
   Qǐng nǐ bǎ zhè běn Zhōngwénshū fānyìchéng Rìwén.

2) 后来他成为我的好朋友。
   Hòulái tā chéngwéi wǒ de hǎopéngyou.

After Dig

1．日本語の意味に合うように、空欄に適切な中国語を入れなさい。

1）清水さんは HSK 5 級に受かったばかりです。

清水 [　　　] 考上 HSK 五级。

2）金雪花さんは自分の中国語がたいへん進歩したと思いました。

金雪花觉得自己的汉语进步了 [　　　　　]。

3）試験方法は 3 つの部分に分かれています。

考试方法 [　　　　] 三个部分。

4）陳麗麗さんは料理を作るのがとても上手です。

陈丽丽做菜 [　　　] 得很好。

5）彼女はまた HSK の試験に挑戦し続けるつもりです。

她想再继续 [　　　　　]HSK 的考试。

6）わたしは中国語を話すのが以前より上手になりました。

我说汉语说 [　　　] 比以前好。

7）受験生は語句や文を空欄に記入しなければなりません。

考生需要把词语 [　　　] 句子填入空格。

8）満点は 300 点で、180 点を超えれば合格です。

满分是 300 分，[　　　　　]180 分及格。

9）この試験をとおして、彼は自分がたくさん学んだと思いました。

[　　　　　] 这次考试，他觉得自己学了很多。

10）「漢語水平考試」は一般的に "HSK" と称されています。

"汉语水平考试"，一般 [　　　　　] "HSK"。

2．日本語の意味に合うように、次の言葉を並び替えて中国語の文を完成させなさい。

1）わたしは料理が彼ほど上手ではありません。

[他　我　菜　好　没有　做得]。

_____

2）どのみちわたしはいつも歩いているので、もう慣れました。

[习惯　我　常　已经　了　走路，反正]。

_____

3）わたしの作文する能力は大いに進歩しました。

[进步　能力　作文　了　我　很多　的]。

_____

75

4）5級の試験方法は3つの部分に分かれています。
　　[三部分　方法　五级　的　考试　分成]。

_____

5）受験生は語句を空欄に記入しなければなりません。
　　[词语　空格　考生　填入　把　需要]。

_____

6）価格が安ければ安いほど、買う人はますます多くなります。
　　[便宜，　人　多　买　的　价格　越　越]。

_____

7）今回の旅行をとおして、わたしは多くを学びました。
　　[这次　很多　旅行，　学了　我　通过]。

_____

8）わたしは今になってようやく彼の考えが分かりました。
　　[明白　想法　我　他　的　现在　才　直到]。

_____

9）わたしは中国語を話すのが以前より上手になりました。
　　[比　汉语　我　得　以前　好　说　说]。

_____

10）ガラスのコップは子どもに割られてしまいました。
　　[了　打碎　给　玻璃杯　孩子]。

_____

3．絵をみて質問に答えなさい。AとBはa〜cから適切な答えを選びなさい。

A

1) a．不是，是窗户。　b．今天风很大。　c．自行车。
2) a．天气不好。　　　b．很多自行车。　c．被风吹倒了。
3) a．被吹坏了。　　　b．不是他的。　　c．今天风很大。

B

1) a．HSK。　　　　　b．金雪花。　　　c．180分。
2) a．两个人。　　　　b．他及格了。　　c．180分以上。
3) a．HSK的结果。　　b．望月。　　　　c．金雪花及格了。

C

Step 4 🎧 035

　　"汉语水平考试"，一般称为"HSK"，是中国政府认定的汉语能力考试。刚考上五级的清水，马上又开始准备六级的考试了。通过这次考试，清水觉得自己的汉语，不但说得比以前好，作文的能力也进步了很多。HSK 每个月都举行一次考试，她想再继续挑战。

　　五级的考试方法分成听力、阅读，书写三个部分。听力部分，考生需要从自己听到的内容选出答案；阅读部分，考生需要把词语或句子填入空格；书写部分，考生需要用试题上的词语造出句子。满分是 300 分，超过 180 分及格。

第 19 課　"实习"和"打工"的性质不同

Step 1

単語

🎧 036

- □ 出版社　chūbǎnshè　出版社
- □ 实习　shíxí　実習（する）
- □ 薪水　xīnshuǐ　給料、俸給
- □ 待遇　dàiyù　待遇（する）
- □ 算　suàn　数える、～とみなす、～ということになる
- □ 打//工　dǎ gōng　仕事をする、アルバイトをする
- □ 不同　bùtóng　同じではない、異なる
- □ 训练　xùnliàn　訓練（する）
- □ 主要　zhǔyào　主要である、主に
- □ 编辑部　biānjíbù　編集部
- □ 整理　zhěnglǐ　整理（する）、片付ける
- □ 资料　zīliào　資料
- □ 专业　zhuānyè　専攻、専門
- □ 知识　zhīshi　知識
- □ 以后　yǐhòu　以後、今後
- □ 努力　nǔlì　努力（する）
- □ ※ 实现　shíxiàn　実現（する）
- □ ※ 梦想　mèngxiǎng　夢、夢想、渇望
- □ ※ 水　shuǐ　水、湯
- □ ※ 醒　xǐng　覚める、悟る
- □ ※ 笑　xiào　笑い、笑う

学習の ポイント

1 "算"

"算"は「～とみなす」「～とする」という意味を表すことがあります。

1) 这个方法还算不错。
　　Zhè ge fāngfǎ hái suàn búcuò.

2) 今天天气不算热。
　　Jīntiān tiānqì bú suàn rè.

2 複合方向補語の派生義

複合方向補語は、動作の空間上の方向を表すだけでなく、そこから派生した抽象的な意味を表すことがあります。

"～下来"：（結果に到達して）安定する、安定してくる

1) 他的车停下来了。
　　Tā de chē tíngxiàlai le.

"～下去"：（ものごとが）続いていく、～し続ける

2) 为了实现梦想，我一定努力下去。
　　Wèi shíxiàn mèngxiǎng, wǒ yídìng nǔlìxiàqu.

"～出来"：（隠れていたものが）現れる、あらわになる

3) 他说出来了不能说的话。
　　Tā shuōchūlaile bù néng shuō de huà.

"～过来"：（一定の経路を経て）そうなって来る

4) 我让他喝了一口水，他就醒过来了。
　　Wǒ rang tā hēle yì kǒu shuǐ, tā jiù xǐngguòlai le.

"～起来"：～し始める、1つにまとまる

5) 他只说了一句，大家都笑起来了。
　　Tā zhǐ shuōle yí jù, dàjiā dōu xiàoqǐlai le.

After Dig

1．日本語の意味に合うように、空欄に適切な中国語を入れなさい。

1）仕事は難しいけれど、とても充実しています。

[　　　　　]工作很难，但是很充实。

2）この会社の待遇はまずまずよいと言える。

这家公司的待遇还 [　　　] 不错。

3）会社があなたに払う給料は高いですか？

公司 [　　　] 你的薪水高不高？

4）「実習」「と「アルバイト」は何が違うのですか？

"实习"和"打工"有什么 [　　　　　] 呢？

5）彼はまいにち明け方まで眠りません。（明け方になってようやく寝ます）

他每天 [　　　　　] 凌晨才睡觉。

6）夢を実現するために、わたしはかならず努力し続けます。

为了实现梦想，我一定努力 [　　　　　]。

7）ひと口水を飲ませると、彼は目覚めました。

我让他喝了一口水，他就 [　　　] 过来了。

8）わたしは今ある出版社で実習をしています。

我现在在一 [　　　] 出版社实习。

9）わたしは編集部で出版の資料を整理しています。

我 [　　　] 编辑部整理出版的资料。

10）彼がひと言しゃべるだけで、みんな笑い出しました。

他只说了一句，大家都笑 [　　　　　] 了。

2．日本語の意味に合うように、次の言葉を並び替えて中国語の文を完成させなさい。

1）先生がわたしに紹介してくださったのです。

[是　介绍　给我　的　老师]。

_____

2）あなたのしている仕事は何ですか？

[什么　你　是　呢　工作　做的]？

_____

3）実習には専門の知識が必要です。

[专业　需要　知识　实习]。

_____

4）この会社の待遇はなかなかよい。
　　[的　这　公司　不错　待遇　还　算　家]。

_____

5）わたしが何を言おうと、彼は決して同意しません。
　　[不同意　说　我　他　总是　不管　什么,]。

_____

6）その出版社はあなたにどれぐらい給料を払っているのですか？
　　[薪水　多少　你　出版社　付　那家]？

_____

7）わたしは実習に行こうと考え始めているところです。
　　[开始　正　实习　想去　呢　我]。

_____

8）実力からいえば、あなたは問題がありません。
　　[实力,　没问题　按照　的　你]。

_____

9）彼は卒業したあと編集をしようと思っています。
　　[毕业　做　他　想　编辑　以后]。

_____

10）彼は言ってはならないことを口にしました。
　　[他　说出来　话　说　了　的　不能]。

_____

3．次の日本語を中国語に訳しなさい。

1）その会社はあなたに給料を払っていますか？

_____

2）仕事は難しいけれど、とても充実しています。

_____

3）夢を実現するため、わたしはかならず努力を続けます。

_____

4）あなたのしている仕事は何ですか？

_____

5）彼は卒業したあと編集をしたいと思っています。

_____

82

Step ❷　🎧 037

会話を聞く

■会話を書き取る

A: □□, □□□□□□□□□□□□□。

B: □□, □□。□□□□□□□□□□□□□。

A: □□□□□□？

B: □。□□□□□□□□。

A: "□□" と "□□" □□□□□□？

B: □□と"□□"□□□□, □□□□□。

A: □□□□□□□□？

B: □□□□□□□□□□□□□。

A: □□□□□□□□□。

B: □□, □□□□, □□□□□□。

A: □□□□□□□□？

B: □□□□□□□。

A: □□□□□□□□□。

84

Step 3

単語 038

- □ 将近　jiāngjìn　～に近い、ほぼ～
- □ 期间　qījiān　期間
- □ 气氛　qìfēn　雰囲気
- □ 不但～而且……　búdàn～érqiě……　だけでなく、しかも……
- □ 热心　rèxīn　熱心である
- □ 热爱　rè'ài　熱愛（する）、心から愛する
- □ 文学　wénxué　文学
- □ 可能　kěnéng　可能性（がある）、～かもしれない
- □ 派　pài　派遣する、手配する、割り当てる
- □ 重要　zhòngyào　重要である
- □ 发生　fāshēng　生ずる、生じる、起こる
- □ 困难　kùnnan　困難（である）、苦しい
- □ 克服　kèfú　克服する、我慢する
- □ 之后　zhī hòu　～その後
- □ 成果　chéngguǒ　成果
- □ 更　gèng　さらに、いっそう、もっと
- □ 完美　wánměi　完璧である、非の打ち所がない
- □ 一旦　yídàn　いったん、ひとたび
- □ 目标　mùbiāo　目標
- □ 经常　jīngcháng　いつも、常に、しょっちゅう
- □ 经验　jīngyàn　経験（する）
- □ 人生　rénshēng　人生
- □ 方向　fāngxiàng　方向
- □ 明确　míngquè　はっきりしている、はっきりせる
- □ ※ 职员　zhíyuán　職員

学習のポイント

1 "不但～而且……"

"不但～而且……"は「～だけでなく、しかも……」という意味を表します。

1) 她不但喜欢吃日本菜，而且了解日本文化。
　　Tā búdàn xǐhuan chī Rìběncài, érqiě liǎojiě Rìběn wénhuà.

 44

After Dig

1．日本語の意味に合うように、空欄に適切な中国語を入れなさい。

1) 陳麗麗さんは仕事がとても真面目です。

　　陈丽丽工作很 [　　　]。

2) 困難を克服した後は、仕事の成果がもっと完璧になるはずです。

　　克服了困难 [　　　]，工作的成果就会更完美。

3) わたしは人生の方向によりはっきりした考えを持つようになりました。

　　我对人生方向 [　　] 了更明确的想法了。

4) その職員は仕事に熱心なだけでなく、文学をこよなく愛しています。

　　那个职员不但工作热心，[　　　] 热爱文学。

5) わたしはまいにち放課後に地下鉄で出勤します。

　　我每天下课后就坐地铁去 [　　　]。

6) 仕事をすれば、かならず何らかの困難が生じるものです。

　　工作的时候，[　　　] 会发生一些困难。

7）彼らはわたしにいくつか重要な仕事を割り当てました。

　　　他们［　　　］我做了一些重要的工作。

8）わたしの仕事はさらに重要になりました。

　　　我的工作［　　　］重要了。

9）いったん目標を達成すると、同僚たちはいつもお祝いに出かけます。

　　　［　　　　　　］完成目标，同事们经常去庆祝。

10）1か月近くの期間、わたしは出版社へ実習に行きました。

　　　［　　　　　　］一个月的期间，我去出版社实习。

2．日本語の意味に合うように、次の言葉を並び替えて中国語の文を完成させなさい。

1）困難を克服するにはみんなの努力が欠かせません。

　　　［大家　需要　克服　的　努力　困难］。

　　　_____

2）この会社は雰囲気がよいだけでなく、待遇もよい。

　　　［不但　而且　待遇好　气氛好，　公司　这家］。

　　　_____

3）会社はわたしにより重要な仕事を割り当てました。

　　　［更　的　公司　派　我　做　工作　重要］。

　　　_____

4）バスは突然止まりました。

　　　［停下来　突然　了　公交车］。

　　　_____

5）いったん目標を達成すると、私たちはお祝いに出かけます。

　　　［目标，　一旦　完成　去　就　我们　庆祝］。

　　　_____

6）見たところ、このことはたしかに簡単ではありません。

　　　［不容易　这件事　的确　看起来，］。

　　　_____

7）1か月近くの間、わたしは死ぬほど忙しかった。

　　　［的　忙死　一个月　期间，　了　将近　我］。

　　　_____

8）同僚たちは仕事では何ごとも真剣です。

　　　［很　都　认真　工作　同事们］。

　　　_____

9）わたしははっきりした考えを持ち始めました。
　　[明确　想法　我　有　的　了　开始]。

10）わたしには経験がありません、必ずや困難に遭うはずです。
　　[经验，　有困难　我　没有　会　肯定]。

3．絵をみて質問に答えなさい。AとBはa～cから適切な答えを選びなさい。

1）a．她在公司。　b．是陈丽丽。
　　c．现在两点。

2）a．是陈丽丽。　b．她不在学校
　　c．她在工作。

3）a．陈丽丽。　b．在工作。
　　c．两点。

1）a．不是。　b．唐扬。　c．客人。

2）a．食堂。　b．他在打工。　c．咖啡。

3）a．是唐扬。　b．客人。　c．他要打工。

C

Step 4　　🎧 040

　　将近一个月的期间，我在一家出版社实习。我每天下课后就坐地铁去上班。出版社的气氛非常好，在那里大家不但工作热心，而且非常热爱文学。我的工作是在编辑部整理资料。可能因为我工作认真，所以他们派我做了一些重要的工作，也让我参加了会议。

　　的确工作的时候，肯定会发生一些困难。但是克服了这些困难之后，工作的成果就会更完美。一旦完成目标，同事们经常带我一起去吃饭、庆祝。通过这次实习的经验，我对自己的人生方向有了更明确的想法了。

第 20 課　有人告诉我他生病了

Step 1

単語　🎧 041

□ 上	shàng	（方向を示す介詞）～へ、～に	□ 如果	rúguǒ	もし～ならば
□ 生//病	shēng bìng	病気になる	□ 一会儿	yíhuìr	短い時間、しばらく
□ 注意	zhùyì	注意（する）、用心（する）、気を配る	□ ※ 恨	hèn	恨む、憎む、残念に思う
□ 只有～才……	zhǐyǒu～cái……	～してはじめて…だ、～でなければ……しない	□ ※ 周日	zhōurì	日曜日
			□ ※ 棒球	bàngqiú	野球
			□ ※ 担任	dānrèn	受け持つ、担当する
□ 结束	jiéshù	終了する、終結する	□ ※ 伦敦	Lúndūn	ロンドン

学習のポイント

1　兼語文（2）："有"

"有"を用いる兼語文があります。不特定のものや人を示すときにこの形が用いられます。

1) 有（一个）人在那儿等着你。
　　Yǒu (yí ge) rén zài nàr děngzhe nǐ.

2) 没有人不恨他。
　　Méiyǒu rén bú hèn tā.

2　"只有～才……"

"只有～才……"で「～してはじめて……する」「～でなければ……しない」という意味を表します。

1) 我只有周日才能参加棒球比赛。
　　Wǒ zhǐyǒu zhōurì cái néng cānjiā bàngqiú bǐsài.

2) 只有他来担任才能解决这个问题。
　　Zhǐyǒu tā lái dānrèn cái néng jiějué zhè ge wèntí.

3　時量補語（2）

動作が瞬間的に、または短時間に終わる動詞の後におかれる時量は、動作が終わってから経過した時間を表します。

1) 他死了一个月。
　　Tā sǐle yí ge yuè.

cf. 他病了一个月。
　　Tā bìngle yí ge yuè.

2) 他来伦敦已经三年了。
　　Tā lái Lúndūn yǐjīng sānnián le.

3) 我们认识很久了。
　　Wǒmen rènshi hěn jiǔ le.

After Dig

1．日本語の意味に合うように、空欄に適切な中国語を入れなさい。

1）わたしの代わりにちょっと持っていただけますか？

你能 [　　　] 我拿一下儿吗?

2）唐揚さんは自転車に乗ってやってきました。

唐扬把自行车 [　　　] 过来。

3）わたしは望月さんのことまで注意がいきませんでした。

我没 [　　　　　　] 望月的事儿。

4）ここで少しわたしを待っていてください。すぐに戻ってきます。

你在这儿等我 [　　　　　], 我马上回来。

5）わたしは実習に忙しくて、週末しか空き時間がありません。

我忙着实习，只有周末 [　　　] 有空儿。

6）あなたは資料を持ってどこへ行こうとしているのですか？

你 [　　　　　] 资料要上哪儿去?

7）わたしは望月さんがどうしたのか知りません。

我不知道望月 [　　　　　] 了。

8）クラスの誰かが望月さんは病気になったと教えてくれました。

班上有人告诉我望月 [　　　　] 了。

9）王先生はわたしに資料を望月さんへ渡すよう言いました。

王老师叫我 [　　　] 资料拿给望月。

10）彼女の実習が終わってすでに1週間になります。

她的实习 [　　　　　] 了已经一个星期了。

2．日本語の意味に合うように、次の言葉を並び替えて中国語の文を完成させなさい。

1）わたしは資料を持って望月さんのところに行きました。
[望月那儿　我　去　资料　上　拿着]。

_____

2）わたしはこの週末しか参加できません。
[周末　我　这个　能　只有　参加　才]。

_____

3）わたしの代わりにちょっと持っていただけますか？
[一下儿　能　我　吗　你　帮　拿]?

_____

4）彼がロンドンに来てすでに二年になります。
　　［伦敦　两年　他　来　了　已经］。

_____

5）ある友だちが明日大雨が降るだろうと言いました。
　　［明天　有　说　大雨　朋友　会　下］。

_____

6）望月さんが病気になったと教えてくれる人はいませんでした。
　　［告诉　我　没有　望月　人　了　生病］。

_____

7）しばらくわたしを待っていただけませんか？
　　［一会儿，请　等　我　好吗　你］？

_____

8）彼女しかこの目標を達成できません。（彼女だけがこの目標を達成できます。）
　　［这个　只有　她　完成　才　目标　能］。

_____

9）もし時間がおありでしたら、おいでください。
　　［有空儿　你　请　来　如果　一下儿　的话，］。

_____

10）教室で宿題をしている人がいます。
　　［有人　教室　在　作业　里　做］。

_____

_____

3．次の日本語を中国語に訳しなさい。

1）教室の中に座っている学生がいます。

_____

2）彼女の実習が終わってすでに1週間になります。

_____

3）王先生はわたしに資料を望月さんへ渡すよう言いました。

_____

4）わたしは週末しか空き時間がありません。

_____

5）少し待っていてください。わたしは自転車に乗ってきます。

_____

Step 2

会話を聞く

■会話を書き取る　🎧042

A: □□□, □□□□□□□□□
　　□□□□ ?

B: □□□□□□□□□□□□
　　□□。

A: □□□□□ ?

B: □□□□□□□□□□□。

A: □□□□□□, □□□□□□
　　□□□。

B: □□, □□□□□□□□, □□
　　□□□□□□。

A: □□□□□□□□。

B: □□□□□□□□□□□□□□□。
　　□□, □□□□□□□。

A: □□□□□□□□□。

B: □□□□□□□□, □□□□
　　□□□□ ?

A: □, □□□□□□□□□, □□
　　□□□□□□。

93

Step 3

単語 🎧 043

□ 浑身	húnshēn	全身
□ 不对劲儿	búduìjìnr	すっきりしない、気が合わない
□ 头//疼	tóu téng	頭が痛い、頭痛がする
□ 流	liú	流れる
□ 鼻涕	bítì	鼻水
□ 发//冷	fā lěng	寒気がする
□ 前几天	qián jǐ tiān	数日前
□ 传染	chuánrǎn	うつる、伝染する
□ 量	liáng	量る
□ 体温	tǐwēn	体温
□ 难怪	nánguài	道理で、なるほど、無理はない
□ 难受	nánshòu	体調が悪い、つらい
□ 平时	píngshí	ふだん、日頃
□ 倒霉	dǎoméi	ついていない、不運な目に遭う
□ 点//名	diǎn míng	点呼する、出席を取る
□ 感想	gǎnxiǎng	感想
□ 影响	yǐngxiǎng	影響（する）
□ 舒服	shūfu	気持ちがよい、心地よい、快適である
□ 办法	bànfǎ	方法、やり方
□ ※发//烧	fā shāo	発熱する
□ ※咳嗽	késou	咳をする

学習のポイント

1 "有的～有的……"

"有的～有的……" は「あるものは～、あるものは……」「～のものもあれば、……のものもある」という意味を表します。"有的" の後に名詞を加えることもできます。

1) 我们班有的发烧，有的咳嗽。
   Wǒmen bān yǒu de fā shāo, yǒu de késou.

2) 文化节有的留学生唱歌，有的留学生跳舞。
   Wénhuàjié yǒu de liúxuéshēng chàng gē, yǒu de liúxuéshēng tiào wǔ.

 46

After Dig

1．日本語の意味に合うように、空欄に適切な中国語を入れなさい。

1）わたしは起きてすぐ全身がすっきりしないと思いました。

我一起床就觉得浑身 [　　　　　　　　　]。

2）わたしの隣の人がずっと咳をしていました。

我 [　　　　　　]的人一直咳嗽。

3）今日は1週間で授業がいちばん多い日です。

今天是一个星期里课最多的 [　　　　]。

4）わたしは38度5分の熱があります。どうりでとても辛いはずです。

我发烧 38.5℃，[　　　　]我好难受。

5）頭が痛いだけでなく、ずっと鼻水も出ています。

不但头疼，还 [　　　　]流鼻涕。

6）もし授業に行かなかったら、成績に影響する可能性があるでしょうか？

如果不去上课的话，[　　　　　　]影响成绩？

7）今日は体調が本当によくありません。休みを取るほかありません。

今天身体 [　　　]不舒服，只好请假了。

8）望月さんはベッドから起きると、着替えをして出かけようとしました。

望月 [　　]床上爬起来，换上衣服想出门。

9）わたしは数日前バスである会社に行きました。

我 [　　　　　　]坐公交车去一家公司。

10）わたしは伝染（うつ）されてしまいました。本当についていません。

我被传染到了，[　　　　　　　]！

2．日本語の意味に合うように、次の言葉を並び替えて中国語の文を完成させなさい。

1）わたしはふだんあまり病気をしません。

[不太　平时　生病　我]。

_____

2）地下鉄に故障がありました、本当についていません。

[了，　故障　真倒霉　出　地铁]！

_____

3）わたしは熱が出ました、どうりで全身寒気がするはずです。

[难怪　发冷　了，　浑身　我　发烧]。

_____

95

4）わたしは今日ベッドから起きたくありません。
　　［不想　我　今天　爬起来　床上　从］。

5）まず体温を測ってから病院へ行きましょう。
　　［医院　再　先　量　去　吧　体温］。

6）隣の人はあまり体調がよくなさそうです。
　　［好像　的　不太　人　舒服　旁边儿］。

7）わたしは頭が痛いだけでなく、熱もあります。
　　［还　我　而且　不但　发烧　头疼，]。

8）わたしたちのクラスには歌を歌うのもいれば、ダンスをするのもいます。
　　［有的　有的　跳舞　唱歌，　我们班］。

9）わたしは起きてすぐに全身がすっきりしないと思いました。
　　［起床　浑身　我　就　不对劲儿　一　觉得］。

10）数日前に誰かがわたしに彼女は休みを取ったと教えてくれました。
　　［前几天　请了　她　我　告诉　假　有人］。

3．絵をみて質問に答えなさい。AとBはa～cから適切な答えを選びなさい。

A

1) a. 望月。　　　　b. 38.7℃。　　　c. 望月病了。
2) a. 发烧。　　　　b. 他在医院。　　c. 他头不疼。
3) a. 他头不疼。　　b. 38.7℃。　　　c. 医生。

B

1) a. 他在睡觉。　　b. 这是望月的房间。　c. 两天了。
2) a. 他在宿舍。　　b. 现在十点钟。　　　c. 他在睡觉。
3) a. 望月的宿舍。　b. 他休息了两天。　　c. 望月没有去。

C

Step 4 🎧 045

　　我昨天一起床，就觉得浑身不对劲儿。不但头疼，还一直流鼻涕，浑身发冷。前几天坐公交车去一家公司当翻译的时候，旁边儿的人就是我现在这个样子。看来我被那个人传染了。量了体温，38.5℃。难怪我好难受。我平时不太生病，这次怎么会这样呢？真倒霉。

　　今天学校有四节课，是一个星期里课最多的一天。有的课老师要点名，有的课老师让我们写课堂感想。如果不去的话，会不会影响成绩？想了想就觉得不放心，从床上爬起来，换上衣服想出门，但是身体实在不舒服。没办法，今天我只好请一天假了。

第21課　"胡同"像迷宮一样

Step 1

単語

🎧046

□ 调查　　diàochá　調査（する）、調べる
□ 历史　　lìshǐ　歴史
□ 建议　　jiànyì　提案（する）、意見（を出す）
□ 文物　　wénwù　文化財、文化遺産
□ 干脆　　gāncuì　きっぱり（している）、いっそ、思い切って
□ 首都　　shǒudū　首都
□ 博物馆　bówùguǎn　博物館
□ 参观　　cānguān　参観（する）、見学（する）
□ 遇到　　yùdào　出会う、出くわす
□ 顺便　　shùnbiàn　ついでに
□ 意见　　yìjiàn　意見、文句
□ 主意　　zhǔyi　考え、アイデア、知恵（口語では zhúyi とも発音される）

□ 胡同　　hútòng　路地、小路、横町
□ 条（量詞）　tiáo　本、筋（細長いものを数える）
□ 小巷　　xiǎoxiàng　小さな通り
□ 像～一样……　xiàng～yíyàng　～に似て……である、まるで～のように……だ
□ 迷宫　　mígōng　迷路、迷宮
□ 既然　　jìrán　～した以上は、～であるからには
□ ※ 生鱼片　shēngyúpiàn　刺身
□ ※ 身体　shēntǐ　身体、からだ
□ ※ 长　　zhǎng　成長する、生まれる

学習の ポイント

1 さまざまな可能補語

さまざまな可能補語を使い分けることにより、どのような条件や原因によって可能なのか、不可能なのかを表すことができます。

1) 在纽约买不到这么新鲜的生鱼片。（物がなくて）買えない。
　　Zài Niǔyuē mǎibudào zhème xīnxiān de shēngyúpiàn.

2) 我买不起这么贵的东西。（値段が高くて）買えない。
　　Wǒ mǎibuqǐ zhème guì de dōngxi.

3) 菜这么多，我吃不了。（量が多くて）食べきれない。
　　Cài zhème duō, wǒ chībuliǎo.

4) 她身体不好，吃不下饭了。（食欲がなくて）食べられない。
　　Tā shēntǐ bù hǎo, chībuxià fàn le.

5) 有什么好办法，我也想不出来。
　　Yǒu shénme hǎo bànfǎ, wǒ yě xiǎngbuchūlai.

6) 我在哪里见过他，真的想不起来。
　　Wǒ zài nǎli jiànguo tā, zhēnde xiǎngbuqǐlai.

2 "既然～就……"

"既然～就……"は、「～である以上……である」「～であるからには……である」という意味を表します。すでに実現した、あるいは確定した条件とその結果を述べます。

1) 既然你是学生，就应该认真学习。
   Jìrán nǐ shì xuésheng, jiù yīnggāi rènzhēn xuéxí.

2) 既然你请假了，就好好儿休息吧。
   Jìrán nǐ qǐng jià le, jiù hǎohāor xiūxi ba.

3 "像～一样……"

"像～一样"は、「～にそっくりである」「～のようである」という意味を表します。"一样"の後に、似ている内容を加えて、「～のように……だ」と言うことができます。

1) 这本旧书像新的一样。
   Zhè běn jiùshū xiàng xīn de yíyàng.

2) 她长得像妈妈一样漂亮。
   Tā zhǎngde xiàng māma yíyàng piàoliang.

After Dig

1．日本語の意味に合うように、空欄に適切な中国語を入れなさい。

1）「胡同」とは一筋の小路のことです。

“胡同”就是 [　　　　　　　　] 的小巷。

2）わたしたちいっそ首都博物館へ見学にいきましょう。

我们 [　　　　] 去首都博物馆参观吧。

3）北京の小路は迷路のようです。

北京的胡同 [　　] 迷宫一样。

4）彼はわたしたちに博物館へ行ってみるよう提案した。

他 [　　　　] 我们去看看博物馆。

5）唐揚さんはいつもいいアイデアを思いつきます。

唐扬总是 [　　　　　　] 好主意。

6）王先生はわたしたちに北京の歴史を調べさせました。

王老师 [　　] 我们调查北京的历史。

7）北京の歴史遺産は多すぎて、わたしには選びきれません。

北京的历史文物太多了，我选 [　　　　]。

8）わたしは昨日唐揚さんに出会ったので、ついでに彼の意見を聞きました。

我昨天遇到唐扬，[　　　　] 问了他的意见。

9）彼がそう言っているのだから、わたしたち行きましょうよ。

[　　　　] 他这么说，咱们就去吧。

10）わたしは何も思いつきません、どうしましょう？

我什么也想不出来，[　　　　　　]？

2．日本語の意味に合うように、次の言葉を並び替えて中国語の文を完成させなさい。

1）いっそわたしたちは先に行きます。

[走了　干脆　先　我们]。

_____

2）先生はわたしに企業へ実習に行くよう提案しました。

[建议　实习　企业　去　我　老师]。

_____

3）妹は母によく似ています。

[长得　妈妈　妹妹　一样　像]。

_____

4）わたしはどの路地を通ったのか思い出せません。
　　[哪条　走过　想不起来　小巷　我]。

_____

5）来週にはもう成績が発表されます。
　　[发表　星期　成绩　就要　了　下个]。

_____

6）明日わたしはスーパーへ行ってついでに手紙を出します。
　　[寄　去　明天　我　顺便　信　超市,]。

_____

7）料理がこんなに多くては、ぼくは食べきれません。
　　[我　菜　这么　吃不了　多,]。

_____

8）北京の歴史遺産はあまりにも多い。
　　[太　历史　了　文物　的　多　北京]。

_____

9）昨日わたしは駅で清水さんに出くわしました。
　　[车站　清水　我　在　昨天　遇到了]。

_____

10）（あなたは）何かよいアイデアがありますか？
　　[没有　什么　你　好主意　有]？

_____

3．次の日本語を中国語に訳しなさい。

1）わたしはどうしても思いつきません。

_____

2）北京の小路は迷路のようです。

_____

3）彼はきっとよいアイデアを持っています。

_____

4）王先生はわたしたちに北京の歴史を調べさせました。

_____

5）彼がそう言っているのだから、わたしたちは行きましょう。

_____

Step ❷ 🎧 047

会話を聞く

■会話を書き取る

A: □□, □□□□□□□□□□□
　 □□□, □□□□□□?

B: □□□□□□□。□□□□?
　 □□□□□□□□。

A: □□□□□□□□□, □□
　 □。

B: □□□□□□□□□□□□
　 □□□。

A: □□, □□□□□□, □□□
　 □□□□。

B: □□□□□, □□□□□□□。

A: □□□□□□□□□。

B: "□□"□□□?

A: □□"□□"□□□□□□□
　 □, □□□□□。

B: □□□□□□, □□□□□□。

Step 3

単語 🎧 048

□ 分担	fēndān　分担（する）	□ 老百姓	lǎobǎixìng　庶民
□ 市内	shìnèi　市内	□ 传统	chuántǒng　伝統
□ 回顾	huígù　回想（する）、振り返る	□ 四合院	sìhéyuàn　四合院（北京の伝統様式の民家）
□ 分别	fēnbié　別れる、区別する、それぞれ	□ 游客	yóukè　観光客
□ 东交民巷	Dōngjiāomínxiàng　東交民巷（北京の地名）	□ 减少	jiǎnshǎo　減少（する）、減る、減らす
□ 琉璃厂	Liúlíchǎng　琉璃廠（北京の地名）	□ 熟悉	shúxī　よく知っている、詳しく分かる
□ 拍	pāi　（手のひらで）打つ、（写真、映画などを）撮る	□ 取代	qǔdài　取って代わる、入れ替わる、置き換える
□ 景观	jǐngguān　景観、眺め、風景	□ 改成	gǎichéng　～に改める、改めて～にする
□ 许多	xǔduō　非常に多い、たくさんの	□ 酒吧	jiǔbā　バー、酒場
□ 老照片	lǎozhàopiàn　昔の写真	□ 咖啡馆	kāfēiguǎn　喫茶店、コーヒー店
□ 地图	dìtú　地図	□ 年轻人	niánqīngrén　若者、若い人
□ 意思	yìsi　意味	□ ※ 倍	bèi　倍
		□ ※ 增加	zēngjiā　増える、増加する

学習のポイント

1 比較："比"と動詞フレーズ

"比" を用いて比較するとき、動詞フレーズを伴うことがあります。

1）今年的考生比去年多了一倍。
　Jīnnián de kǎoshēng bǐ qùnián duōle yí bèi.

 48

After Dig

1．日本語の意味に合うように、空欄に適切な中国語を入れなさい。

1）多くの人が「四合院」を喫茶店に変えました。

　很多人 [　　] "四合院" 改成咖啡馆。

2）北京の小路は以前よりずっと少なくなりました。

　北京的胡同 [　　] 以前减少了许多。

3）「胡同」とは小路という意味です。

　"胡同" 就是小巷的 [　　　　]。

4）彼ら二人で北京市内の調査を分担します。

　他们 [　　　　　] 分担北京市内的调查。

5）彼の走り方はわたしよりずっと速い。

　他跑 [　　] 比我快多了。

6）伝統的な建築は新しい道路に取って代わられました。

　传统的建筑被新的马路 [　　　　] 了。

7）彼らはそれぞれ現在の景観をたくさん撮影しています。

　　他们［　　　　　］拍了很多现在的景观。

8）このバーはたくさんの若者を引きつけています。

　　这家酒吧吸引［　　］很多年轻人。

9）「四合院」は中国建築の特色の一つと言えます。

　　"四合院"可以说是中国建筑的特色［　　］一。

10）小路には庶民の生活があります。

　　胡同里有［　　　　　　］的生活。

2．日本語の意味に合うように、次の言葉を並び替えて中国語の文を完成させなさい。

1）わたしは図書館でたくさん昔の写真をみつけました。
　　［找到了　在　许多　图书馆　老照片　我］。

2）多くの見知った風景がみんな見られなくなりました。
　　［熟悉　不见　的　很多　都　了　景观］。

3）今年の受験生は去年より倍増しました。
　　［一倍　去年　多了　的　比　今年　考生］。

4）多くの小路が新たな建築に取って代わられました。
　　［被　新的　取代　建筑　很多　了　胡同］。

5）喫茶店が以前よりずっと増えました。
　　［增加　比　许多　以前　了　咖啡馆］。

6）「胡同」とは小路という意味です。
　　［小巷　的　"胡同"　就是　意思］。

7）わたしは市内の風景の写真をたくさん撮りました。
　　［市内　很多　照片　我　的　景观　拍了］。

8）わたしは彼女と小路の調査を分担します。
　　［和　胡同　分担　调查　的　她　我］。

9) 誰かが四合院を酒場に変えたんですよ。
　　[四合院　改成　有人　酒吧　把]。

10) 北京の小路は多くの旅行者を引きつけています。
　　[胡同　吸引着　的　很多　北京　游客]。

3．絵をみて質問に答えなさい。AとBはa～cから適切な答えを選びなさい。

A

B

1) a. 胡同越来越少了。　b. 陈丽丽和望月。
　 c. 他们在胡同里。
2) a. 唐扬没有来。　b. 陈丽丽。
　 c. 给望月介绍。
3) a. 胡同减少了很多。　b. 陈丽丽。
　 c. 望月在写。

1) a. 首都博物馆。　b. 两个人。
　 c. 有很多文物。
2) a. 有两个人。　b. 有很多文物。
　 c. 唐扬也在这里。
3) a. 唐扬和清水。
　 b. 不是，他们刚要进去。　c. 他们出来了。

C

Step 4

🎧 050

这次我和望月、清水三个人要在汉语课上发表北京的"胡同"。望月和清水两个人分担北京市内的调查，我做的是历史回顾。他们分别去了东交民巷和琉璃厂，拍了很多现在的景观。我在大学的图书馆找了许多老照片和历史地图。

北京的"胡同"，就是小巷的意思。这里有老百姓的生活，也有传统的"四合院"。可以说是北京的特色之一。很多游客来到北京都会走进胡同来看看。可是现在北京的胡同已经比以前减少了许多，很多熟悉的景观都不见了，被新的马路和建筑取代。最近还有人把四合院改成酒吧或咖啡馆，吸引着很多年轻人。

第 22 課　春节的车票既不便宜又不好买

Step 1

単語　🎧 051

□ 圣诞节	Shèngdànjié　クリスマス	□ 前后	qiánhòu　前後、ころ
□ 计划	jìhuà　計画（する）	□ 长假	chángjià　長期の休暇
□ 就是/即使〜也……	jiùshì/jíshǐ〜yě……　たとえ〜でも……	□ 老家	lǎojiā　故郷、ふるさと
□ 新年	xīnnián　新年、正月	□ 飞机票	fēijīpiào　航空券
□ 重视	zhòngshì　重視（する）	□ 既〜又……	〜jì〜yòu……　〜でもあり……でもある
□ 春节	Chūnjié　春節、旧正月	□ 不好买	bù hǎomǎi　手に入れにくい
□ 月底	yuèdǐ　月末	□ ※ 聪明	cōngming　利口である、頭がよい
□ 〜左右	〜zuǒyòu　〜くらい、〜ほど	□ ※ 抽//烟	chōu yān　タバコを吸う
□ 大概	dàgài　おおよそ、だいたい、たぶん、おそらく	□ ※ 商量	shāngliang　相談する

学習のポイント

1 " 就是 / 即使〜也……"

" 就是 / 即使〜也……" は「たとえ〜でも……だ」という意味を表します。

1) 就是不吃不睡，也要完成任务。
　　Jiùshì bù chī bú shuì, yě yào wánchéng rènwù.

2) 你就是送给我，我也不要。
　　Nǐ jiùshì sònggěi wǒ, wǒ yě bú yào.

2 " 既〜又……"

" 既〜又 / 也……" は「〜であるだけでなく、……でもある」という意味を表します。

1) 她既聪明又漂亮。
　　Tā jì cōngmíng yòu piàoliang.

2) 他既不喜欢喝酒，也不爱抽烟。
　　Tā jì bù xǐhuan hē jiǔ, yě bú ài chōu yān.

3 連動文（3）:" 有 "

" 有 " が連動文を作ることがあります。英語の関係代名詞と同様の働きをします。

1) 我没有时间吃饭。
　　Wǒ méiyǒu shíjiān chīfàn.

2) 我有事儿想跟你商量。
　　Wǒ yǒu shìr xiǎng gēn nǐ shāngliang.

 49

After Dig

1．日本語の意味に合うように、空欄に適切な中国語を入れなさい。

1）春節の航空券は安くないし、手にも入れにくい。

　　春节的飞机票 [　　　] 不便宜又不好买。

2）長い休暇は 12 月末から 1 月 3 日ぐらいまでです。

　　长假从十二月底放到一月三号 [　　　　　]。

3）彼は酒が好きではないし、タバコ（を吸うのも）嫌いです。

　　他既不喜欢喝酒，也不爱 [　　　　]。

4）たとえ食べず眠らずでも、任務を達成しなければなりません。

　　[　　　　] 不吃不睡，也要完成任务。

5）わたしには食事する時間がありません。

　　我 [　　　　] 时间吃饭。

6）ふつうみんなふるさとに戻って新年を過ごします。

　　一般大家都回老家 [　　] 春节。

7）ことしは戻る時間がないかもしれません。

　　今年我可能 [　　　] 时间回去。

8）中国の春節はだいたい 2 月ごろです。

　　中国春节大概是二月 [　　　　]。

9）中国では、あまり正月を重視しません。

　　在中国，我们 [　　　　] 重视新年。

10）あなたがくれても、わたしは要りません。

　　你 [　　　　] 送给我，我也不要。

2．日本語の意味に合うように、次の言葉を並び替えて中国語の文を完成させなさい。

1）みんなふるさとに戻って春節を過ごしますか？

　　[老家　春节　吗　回　大家　过　都]？

_____

2）クリスマスがまもなくやってきます。

　　[就要　了　圣诞节　马上　到]。

_____

3）彼女は聡明で美しい。

　　[漂亮　又　既　她　聪明]。

_____

4）春節のときは学校は長期の休みになります。
　　［长假　时　放　学校　春节］。

_____

5）わたしたち中国人はあまり正月を重視しません。
　　［新年　不太　我们　重视　中国人］。

_____

6）新年の切符は安くないし、手にも入れにくい。
　　［不便宜　又　车票　新年　既　不好买　的］。

_____

7）クリスマスにあなたは何か計画がありますか？
　　［什么　有　圣诞节　计划　你　吗］？

_____

8）春節はだいたい2月ごろです。
　　［前后　大概　二月　春节　是］。

_____

9）わたしはあなたに相談したいことがある。
　　［商量　有　跟　话　我　你　想］。

_____

10）ふつう12月末に長い休暇が始まります。
　　［放　十二月底　一般　从　长假　开始］。

_____

3．次の日本語を中国語に訳しなさい。

1）ふつう中国人はみんなふるさとに戻って春節を過ごします。

_____

2）新年の（鉄道の）切符は安くないし手にも入れにくい。

_____

3）あなたがくれても、わたしは要りません。

_____

4）今年わたしは戻る時間がないかもしれません。

_____

5）12月末に長い休暇が始まります。

_____

Step 2

会話を聞く

■会話を書き取る 🎧 052

A: □□, □□□□□□□□□。 □
   □□□□□□ ?

B: □□□。 □□□, □□□□□□□。

A: □□□□ ?

B: □□□, □□□□□□。 □□□
   □□。

A: □□□ ? □□□□□□ ?

B: □□□□□□□□□。 □□□ ?

A: □□□□□□□□□□□□□□
   □□。

B: □□□□□□□□□□□。 □
   □、 □□□□□□。

A: □□□□□□□□□□□ ?

B: □□, □□□□、 □□□□□□□
   □□□□□。

A: □□□□□□ ?

B: □□□□□□□□□□□□。

113

Step 3

単語 🎧 053

- □ 节日　　　　jiérì　祝祭日、記念日、節句
- □ 并不〜　　　bìng bù〜　決して／べつに〜ではない
- □ 年底　　　　niándǐ　年の暮れ、年末
- □ 屋子　　　　wūzi　部屋
- □ 年糕　　　　niángāo　中国式の正月餅
- □ 迎接　　　　yíngjiē　迎える、出迎える
- □ 除夕夜　　　chúxīyè　大みそかの夜
- □ 饺子　　　　jiǎozi　餃子
- □ 年夜饭　　　niányèfàn　大みそかの夜の食事
- □ 北方人　　　běifāngrén　北方の人
- □ 爷爷　　　　yéye　（父方の）祖父
- □ 奶奶　　　　nǎinai　（父方の）祖母
- □ 发　　　　　fā　発する、出す、送る、配る
- □ 压岁钱　　　yāsuìqián　お年玉（中国では大みそかに渡す）
- □ 满　　　　　mǎn　満ちている、いっぱいである
- □ 享受　　　　xiǎngshòu　享受する、恵みを受ける
- □ 放//鞭炮　　fàng biānpào　（豆）爆竹を鳴らす
- □ 满城满街　　mǎn chéng mǎn jiē　町中、いたるところ
- □ 炮竹　　　　pàozhú　（中型以上の）爆竹
- □ 烟火　　　　yānhuǒ　花火
- □ 值得　　　　zhíde　値打ちがある、〜に値する
- □ 白　　　　　bái　むだに、むなしく
- □ ※ 趟(量詞)　tàng　回（往復の回数を数える）
- □ ※ 挺〜(的)　tǐng〜(de)　とても、なかなか

学習のポイント

1 "并不"

"并不〜" は、「何も〜ではない」「決して〜というわけではない」という意味を表します。

1) 外面很热，屋子里并不热。
   Wàimiàn hěn rè, wūzili bìng bú rè.

2) 我并不想去，只是老师叫我去的。
   Wǒ bìng bù xiǎng qù, zhǐ shì lǎoshī jiào wǒ qù de.

2 "白"

"白" は動詞の前に用いて、「むだに」「むなしく」「みすみす」という意味を表します。

1) 今天没下雨，我白带雨伞了。
   Jīntiān méi xià yǔ, wǒ bái dài yǔsǎn le.

2) 北京动物园挺好玩儿的，我真的没有白去。
   Běijīng dòngwùyuán tǐng hǎowánr de, wǒ zhēnde méiyǒu bái qù.

 50

After Dig

1．日本語の意味に合うように、空欄に適切な中国語を入れなさい。

1）わたしのお年玉は毎年いつも袋いっぱいに詰まっています。

我的 [　　　　　　　　] 每年都是满满的一大包。

2）きちんと中国語を学んでこそ、中国に来るのは値打ちがあると言える。

你学好汉语，来中国才 [　　　] 值得。

3）わたしたち北方人の包む餃子がいちばんおいしいと言ってよい。

我们北方人包的饺子 [　　　　　] 说是最好吃的。

4）北京で花火を見るのは値打ちがある。

在北京看烟火是 [　　　　] 的。

5）外は暑いが、部屋の中はべつに暑くない。

外面很热，屋子里 [　　　　] 热。

6）大みそかの夜は祖父母がお年玉をくれるはずです。

除夕夜爷爷奶奶还会 [　　　] 压岁钱。

7）わたしは彼らに中国の年越しの雰囲気を享受してもらいたいのです。

我想让他们 [　　　　] 中国过年的气氛。

8）町中到るところの爆竹と花火がいちばん特別なのです。

[　　　　　] 满街的炮竹和烟火是最特别的了。

9）今日は彼を見かけませんでした、むだに来てしまいました。

今天没见到他，[　　　　] 了一趟。

10）わたしたちは餃子を包むだけでなく、大みそかのご馳走も食べます。

我们并不只 [　　　] 饺子，还吃年夜饭。

2．日本語の意味に合うように、次の言葉を並び替えて中国語の文を完成させなさい。

1）大みそかの夜は年越しをするだけでなく、さらにお年玉も配ります。

[并不　还　只是　压岁钱　过年，除夕夜　发]。

_____

2）みんな年末からもう部屋の掃除を始めます。

[年底　打扫　大家　就　屋子　开始　从]。

_____

3）あなたたちはどんなふうに新しい年を迎えるのですか？

[迎接　新的　怎么　一年　你们] ？

_____

4）わたしたちの家には子どもが1人しかいません。
　　[只有　孩子　我　我们　一个　家]。

_____

5）今日は雨が降りませんでした、むだに傘を持ってきてしまいました。
　　[白　了　我　带雨伞　今天　下雨，　没　来]。

_____

6）おじいちゃんのお年玉はどれも袋いっぱいに詰まっています。
　　[满满的　爷爷　压岁钱　一包　的　给　都是]。

_____

7）家族が楽しく集まります。
　　[聚在一起　一家人　快乐地]。

_____

8）最もにぎやかな伝統的祝日は春節です。
　　[传统　的　最热闹　春节　就是　节日]。

_____

9）動物園はとても面白い、むだに行ったわけではなかった。
　　[好玩儿　没有　的，　白去　我　挺　动物园]。

_____

10）わたしたちは一緒にお母さんを手伝って餃子を包んでもかまいません。
　　[包　一起　可以　妈妈　我们　饺子　帮]。

_____

3．絵をみて質問に答えなさい。AとBはa～cから適切な答えを選びなさい。 054

A

1) a．有唐扬。　b．12月25号。
　 c．蛋糕。
2) a．今天是圣诞节。　b．吃蛋糕。
　 c．金雪花也在。
3) a．他们在吃蛋糕。　b．他们没去。
　 c．和陈丽丽一起。

B

1) a．是1月1号　b．是中国的春节。
　 c．是日本的新年。
2) a．一般到1月3号。　b．春节
　 c．12月28号开始。
3) a．十天左右。　b．中国的春节。
　 c．到1月3号。

C

Step 4

🎧 055

中国最热闹的传统节日就是春节。并不只是过年，大家从年底就开始打扫屋子，做年糕等等，准备迎接新年。小孩子最高兴的就是"除夕夜"。这天一家人会快快乐乐地聚在一起包饺子，吃年夜饭。我们北方人包的饺子可以说是最好吃的。爷爷奶奶还会发压岁钱。因为我们家只有我一个孩子，每次拿到的压岁钱，都是满满的一大包。

今年我打算叫望月和清水到我家来吃年夜饭。让他们享受一下儿中国过年的气氛。到时候，我们可以一起帮妈妈包饺子。对了，我们还可以一起去放鞭炮。满城满街的炮竹和烟火很有春节的特色。我觉得这样他们来中国才算值得，不是白来的。

第 23 課　学分没有白修的

Step 1

単語　🎧 056

- □ 交换生　jiāohuànshēng　交換留学生
- □ 修　xiū　学習する、履修する
- □ 学分　xuéfēn　単位
- □ 转用　zhuǎnyòng　転用する
- □ 可惜　kěxī　惜しい
- □ 好事儿　hǎoshìr　よいこと、役に立つこと、めでたいこと
- □ 倒是　dào shì　（完全にではないが）まずまず、なかなか
- □ 拍卖　pāimài　競売（する）
- □ 掉　diào　落ちる、落とす、～してしまう（離脱、消滅を表す）

学習の ポイント　　復習（その1）

語順に気をつけて、学習した文の構造を復習してみましょう。

1 動詞述語文

我看书。
Wǒ kàn shū.

⇒我在图书馆看书。（介詞を用いたとき）
Wǒ zài túshūguǎn kànshū.

⇒我在图书馆看一本书。（数量詞が加わったとき）
Wǒ zài túshūguǎn kàn yì běn shū.

⇒我在图书馆看了一本书。（アスペクトを用いると）
Wǒ zài túshūguǎn kànle yì běn shū.

⇒今天下午我在图书馆看了一本书。（時間詞を用いたとき）
Jīntiān xiàwǔ wǒ zài túshūguǎn kànle yì běn shū.

⇒今天下午我在图书馆看了老师介绍的书。（連体修飾語が加わったとき）
Jīntiān xiàwǔ wǒ zài túshūguǎn kànle lǎoshī jièshào de shū.

⇒今天下午我在图书馆看了老师介绍的那本书。（指示語が加わったとき）
Jīntiān xiàwǔ wǒ zài túshūguǎn kànle lǎoshī jièshào de nà běn shū.

⇒今天下午我看了看几本书。（動詞を重ね型にしたとき）
Jīntiān xiàwǔ wǒ kànlekàn jǐ běn shū.

⇒今天下午我在图书馆看书看了一个小时。（時量補語が加わったとき）
Jīntiān xiàwǔ wǒ zài túshūguǎn kàn shū kànle yí ge xiǎoshí.

2 形容詞述語文

他很认真。
Tā hěn rènzhēn.

⇒他工作很认真。（主述述語文になるとき）
　Tā gōngzuò hěn rènzhēn.

⇒他工作比我认真。（"比"を用いて比較するとき）
　Tā gōngzuò bǐ wǒ rènzhēn.

⇒他工作比我认真一点儿。（比較の差量を表すとき）
　Tā gōngzuò bǐ wǒ rènzhēn yìdiǎnr.

⇒他工作和我一样认真。（"和～一样"を用いて比較するとき）
　Tā gōngzuò hé wǒ yíyàng rènzhēn.

⇒他工作有我这么认真。（"有"を用いて比較するとき）
　Tā gōngzuò yǒu wǒ zhème rènzhēn.

⇒今天他很认真地工作了。（連用修飾語"地"を用いるとき）
　Jīntiān tā hěn rènzhēn de gōngzuò le.

3 名詞述語文

今天星期五。
Jīntiān xīngqīwǔ.

⇒明天不是星期天。
　Míngtiān bú shì xīngqītiān.

 51

After Dig

1．日本語の意味に合うように、空欄に適切な中国語を入れなさい。

1）望月さんはまもなく日本に帰ります。

望月就 [　　　] 回日本去了。

2）わたしのコンピューターはとっくに使えなくなりました。

我的电脑 [　　　] 就不能用了。

3）あなたは1台テレビを持っていたのではありませんか？

你 [　　　　] 有一台电视吗?

4）科目はすべてむだな履修になるわけではないんでしょう？

课不都是 [　　] 修了吧?

5）読み替えができる単位もあれば、ダメなものもあります。

有的学分可以转用，有的 [　　　　　]。

6）わたしはネットでテレビをオークションにかけて売ってしまおうと思います。

我打算上网把电视拍卖 [　　]。

7）あなたが中国で取った単位はどう換算するのですか？

你在中国拿到的 [　　　　] 怎么算?

8）テレビがないのもなかなかよい。

没有电视 [　　　　] 好事儿。

9）いっそのことテレビをわたしに売ってくれたらいいのに。

你 [　　　　] 把电视卖给我好了。

10）たくさん学ぶのはよいことです。

多学都是 [　　] 事儿。

2．日本語の意味に合うように、次の言葉を並び替えて中国語の文を完成させなさい。

1）交換留学はわずか一年の時間しかありません。

[时间　只有　留学　的　一年　交换]。

_____

2）外は大雨なので、わたしはあっさり出かけるのを止めました。

[干脆　我　不　大雨，下　了　外面　出门]。

_____

3）わたしはネットでテレビをオークションにかけて売ってしまうつもりです。

[拍卖　打算　掉　把　上网　电视　我]。

_____

121

4）ふり替えできる単位もあれば、ダメなのもあります。
　　　[不行　可以　有的　有的　转用，学分]。

5）いっそわたしにテレビを売ってくれればいいのに。
　　　[卖给　电视　好了　干脆　把　我　你]。

6）あなたの科目はすべてがむだな履修になるわけではないのですか？
　　　[白修　的　不　了　吗　都是　课　你]？

7）この学期はもうすぐ終わります。
　　　[快要　这个　结束　了　学期]。

8）テレビがないのもなかなかよい。
　　　[倒是　没有　好事儿　电视]。

9）本棚をオークションで売るつもりだなんて、とても惜しい。
　　　[拍卖掉，　要　好可惜　把　书架　你]。

10）あなたが中国で取った単位はどう換算するのですか？
　　　[拿到的　怎么　在　学分　算　你　中国]？

3．次の日本語を中国語に訳しなさい。

1）たくさん学ぶのはよいことです。

2）わたしのテレビはとっくに使えなくなりました。

3）あなたが中国で取った単位はどう換算するのですか？

4）科目はすべてがむだな履修になるわけではないのですか？

5）わたしはネットでテレビをオークションにかけて売ってしまうつもりです。

Step 2

🎧 057

会話を聞く

■会話を書き取る

A: □□, □□□□□, □□□□□□□□?
B: □□, □□□□, □□□□□□□□□。
A: □□□□, □□□□□□□□?
B: □□□□□□, □□□□□□。
A: □□□□□□? □□□□。
B: □□□□□, □□□□□□□。
A: □□□。□, □□□□□?
B: □□□□□□□□□□□□□。
A: □□□□□□□□。
B: □□□□□□□?
A: □□□□□□□。

Step ❸

単語 🎧 058

- □ 位置　wèizhì　位置、場所、席、地位
- □ 城市　chéngshì　都市
- □ 分辨　fēnbiàn　見分ける、区別する
- □ 本地　běndì　当地、この土地、地元

- □ 结识　jiéshí　知り合う、交友関係を結ぶ
- □ 寂寞　jìmò　（孤独で／ひっそりとして）寂しい
- □ 相信　xiāngxìn　信じる、信用する

学習の ポイント　　復習（その2）

1️⃣ 疑問文

①"吗"を用いる疑問文：

你是中国人吗？
Nǐ shì Zhōngguórén ma?

你去过中国吗？
Nǐ qùguo Zhōngguó ma?

②反復疑問文：

你是不是中国人？
Nǐ shìbushì Zhōngguó rén?

你去过中国没有？
Nǐ qùguo Zhōngguó méiyǒu?

③疑問詞を用いる疑問文：

你吃什么？
Nǐ chī shénme?

你什么时候来？
Nǐ shénme shíhou lái?

去车站怎么走？
Qù chēzhàn zěnme zǒu?

你为什么不来？
Nǐ wèishéme bù lái?

④選択疑問文：

你是中国人还是日本人？
Nǐ shì Zhōngguórén háishi Rìběnrén?

你去中国还是去日本？
Nǐ qù Zhōngguó háishì qù Rìběn?

2️⃣ アスペクト

「～しようとする」「～になった」「～した」「～している」「～したことがある」

①まもなく：

要下雨了。
Yào xià yǔ le.

他快要回国了。
Tā kuàiyào huí guó le.

他明天就要回国了。
Tā míngtiān jiù yào huí guó le.

②変化：

现在上课了。
Xiànzài shàng kè le.

七点了。
Qī diǎn le.

我不去了。
Wǒ bú qù le

③完了：

他买了很多东西。
Tā mǎile hěn duō dōngxi.

明天我买了东西，就去学校。
Míngtiān wǒ mǎile dōngxi, jiù qù xuéxiào.

④経験：

他去过一次中国。
Tā qùguò yícì Zhōngguó.

我见过他两次。
Wǒ jiànguo tā liǎng cì.

⑤進行：

他（正）在打电话（呢）。
Tā (zhèng) zài dǎ diànhuà (ne).

⑥持続：

门开着呢。
Mén kāizhe ne.

他坐着看书。
Tā zuòzhe kàn shū.

Go to　Dig 52

After Dig

1．日本語の意味に合うように、空欄に適切な中国語を入れなさい。

1）唐揚さんはわたしを連れて中関村へ行きました。

唐扬带着我去 [　　　] 中关村

2）彼らがいなくなって、わたしは少し寂しい。

少了他们，我 [　　　　　　] 寂寞。

3）わたしたちはまた会う機会があると信じています。

我相信我们还有机会 [　　　　]。

4）彼らは地元の学生で、北京は熟知しています。

他是 [　　　　] 学生，对北京很熟悉。

5）わたしは東西南北の方向さえ見分けがつきません。

我连东西南北方向也 [　　　　] 不出来。

6）わたしは日本へ一年間留学に行くつもりです。

我 [　　　　] 到日本去留学一年。

7）幸いにもわたしはすぐに唐揚さんと知り合いました。

幸好我 [　　　　] 认识了唐扬。

8）わたしは彼女たちが夏休みにわたしのふるさとへ来たのをまだ覚えています。

我还 [　　　　] 暑假时她们来我的老家。

9）わたしは中国語教室の位置があまりはっきりしません。

我对汉语教室的位置 [　　　　] 清楚。

10）彼らと知り合ってから、わたしの日本語は大きな進歩がありました。

认识他们之后，我的日语 [　　　] 了很大的进步。

2．日本語の意味に合うように、次の言葉を並び替えて中国語の文を完成させなさい。

1）わたしたちはまた会う機会があると信じています。

[机会　我　我们　见面　还有　相信]。

_____

2）彼らがいなくなって、みんなとても寂しい。

[都　他们，少了　寂寞　很　大家]。

_____

3）幸いにも彼がわたしを案内してくれたので、わたしは何とか教室にたどり着けました。

[走得到　我，我　他　带着　才　教室　幸好]。

_____

4）今学期、わたしは多くの友だちができました。
　　[结识　我　这学期　了　朋友　很多]。

_____

5）わたしは駅の方向さえ見分けがつきません。
　　[车站　方向　我　的　连　都　分辨　不出来]。

_____

6）北京は歴史のある都市です。
　　[历史　一个　是　有　城市　的　北京]。

_____

7）わたしの日本語は大きな進歩がありました。
　　[有　日语　了　进步　很大　的　我　的]。

_____

8）彼はわたしを連れて博物館へ見学に行きました。
　　[参观　博物馆　我　了　他　带着]。

_____

9）あなた方の大学の場所はどっちの方角にありますか？
　　[哪个　位置　你们　的　在　方向　大学]？

_____

10）（わたしは）わたしたちがどこで会ったか覚えていません。
　　[哪儿　不　见过面　我们　我　在　记得]。

_____

3．絵をみて質問に答えなさい。AとBはa～cから適切な答えを選びなさい。

A    B

1) a.4月1号。 b.清水和望月。
   c.他们要回国。
2) a.他们两个人。 b.清水。
   c.日本。
3) a.清水3月回日本。 b.望月先回日本。
   c.4月。

1) a.金雪花。 b.唐阳的坏了。
   c.他要出去。
2) a.唐扬的坏了。 b.金雪花的自行车。
   c.没有坏。
3) a.他把金雪花的自行车借去了。
   b.金雪花的自行车坏了。
   c.金雪花现在没有自行车了。

C

Step 4 🎧 060

　　这个学期就要结束了。我刚进大学的时候，不但大学里面的教室位置不清楚，连北京这个城市的东南西北方向也分辨不出来。幸好我马上认识了唐扬，他是本地学生，他带我去了中关村，让我结识了很多留学生的朋友。从日本来的望月亮和清水香，他们这个学期结束后就要回去了。我很高兴认识他们，因为他们使我的日语有了很大的进步。下个学期少了他们，我肯定会感到寂寞。下次我也想到日本去留学一年。我相信我们还会有机会见面的。韩国留学生金雪花，我还记得暑假时，她和她姐姐一起来我上海老家玩儿。她下个学期不回国，还会继续留在北京，我很高兴。

第 24 課　下次再会

Step 1

🎧 061

単語

- 国际　　guójì　　国際
- 可不是　kěbushì　もちろん、そうだとも
- 亚洲　　Yàzhōu　アジア
- 数一数二　shǔ yī shǔ èr　一二を争う、指折りの
- 护照　　hùzhào　パスポート
- 全都　　quándōu　すべて、全部、すっかり
- 周到　　zhōudào　行き届いている、周到である
- 起飞　　qǐfēi　離陸する
- 海关　　hǎiguān　税関
- 费　　　fèi　費やす、かかる
- 平安　　píng'ān　平穏無事、平安
- 再会　　zàihuì　再会（する）

学習のポイント　　復習（その3）

1 補語

①様態補語：他（说）汉语说得很流利。
　　　　　　Tā (shuō) Hànyǔ shuōde hěn liúlì.

②結果補語：他看完了这本书。
　　　　　　Tā kànwánle zhè běn shū.

③方向補語：他跑回宿舍去了。
　　　　　　Tā pǎohuí sùshè qu le.

④可能補語：你看得见看不见？
　　　　　　Nǐ kàndejiàn kànbujiàn?

2 さまざまな文型

①連動文：我去书店买课本。
　　　　　Wǒ qù shūdiàn mǎi kèběn.

②強調文：他是从上海来的。
　　　　　Tā shì cóng Shànghǎi lái de.

③兼語文：妈妈叫我去买蛋糕。
　　　　　Māma jiào wǒ qù mǎi dàngāo.

④処置文：我把手机放在桌子上了。
　　　　　Wǒ bǎ shǒujī fàngzài zhuōzishang le.

⑤存現文：前边走过来了几个人。
　　　　　Qiánbian zǒuguòlaile jǐ ge rén.

⑥受け身文：我的自行车被他撞坏了。
　　　　　　Wǒ de zìxíngchē bèi tā zhuànghuai le.

　　　　　成绩发表了。
　　　　　Chéngjì fābiǎo le.

Go to Dig 53

After Dig

1．日本語の意味に合うように、空欄に適切な中国語を入れなさい。

1）北京首都空港はアジアでも一二を争う。

北京首都机场是亚洲 [   ] 的。

2）荷物もパスポートも全部ちゃんと持ちましたか？

你行李和护照都 [   ] 好了吗?

3）毎回来るたびに、空港はとても人が多く、場所も非常に広いと思います。

[   ] 来都觉得机场人很多，地方好大。

4）この空港は最大であるだけでなく、最新でもあります。

这个机场 [   ] 是最大的，而且也是最新的。

5）わたしは書籍と辞書を先に日本へ送り返しました。

我 [   ] 书和词典都先寄回日本去了。

6）思うにやはり早めに入った方がいいよ。

我看你 [   ] 早一点儿进去吧。

7）道中ご無事で、今度またお会いしましょう。

祝你一路平安，我们下次 [   ]。

8）買った本はみんな持って帰れますか？

你买的书都带 [   ] 回去吗?

9）先に荷物を送り返すなんて、本当に考えが行き届いています。

先把行李寄回去，你想得真 [   ]。

10）税関の検査はとても時間がかかりますよ。

海关检查很 [   ] 时间呢。

2．日本語の意味に合うように、次の言葉を並び替えて中国語の文を完成させなさい。

1）思うに君はやはり急いで入って行きなさいよ。

[赶快　进去　你　还是　吧　我看]。

_____

2）空港の税関検査はとても時間がかかりますよ。

[海关　的　很　费　检查　呢　时间　机场]。

_____

3）道中ご無事で、（わたしたち）また会いましょう。

[再会　祝你　一路　我们　吧　平安,]。

_____

131

4）（わたしは）毎回来るたびに空港は人がとても多いと思います。
[覚得　机场　我　很多　都　来　人　每次]。

_____

5）彼女は周到に考えて、先に荷物を送り返しました。
[把　她　寄　先　回去　想得　了　行李　很周到,]。

_____

6）彼女の成績はクラスでも一二を争います。
[数一数二　全班　是　的　的　她　成绩]。

_____

7）あなたの荷物はとても少ない。全部携帯しますか？
[挺少的,　带着　的　都　行李　你　吗　全]？

_____

8）もう少しでパスポートを持つのを忘れるところでした。
[带　我　护照　忘记　差点儿]。

_____

9）飛行機の出発までまだ少なからず時間があります。
[还有　飞机　不少　出发　时间　离]。

_____

10）安心して、財布は持っています。
[钱包　我　放心吧,　呢　带着]。

_____
_____

３．次の日本語を中国語に訳しなさい。

1）首都空港は人が多く、場所も広い。

_____

2）思うに、やはり早めに入って行きなさいよ。

_____

3）あなたが買った本はみんな持って帰れますか？

_____

4）この空港は最大であるだけでなく、最新でもあります。

_____

5）（あなたは）荷物もパスポートもみんなちゃんと持ちましたか？

_____

Step 2 🎧 062

会話を聞く

■会話を書き取る　🎧062

A: ☐☐☐☐☐☐☐☐, ☐☐☐☐☐☐☐☐☐, ☐☐☐☐。

B: ☐☐☐, ☐☐☐☐☐☐☐☐☐☐☐☐, ☐☐☐☐☐☐☐☐☐☐☐。

C: ☐☐, ☐☐☐☐☐☐☐☐☐☐☐☐?

A: ☐☐☐, ☐☐☐☐☐☐。

B: ☐☐☐☐☐☐☐, ☐☐☐☐☐☐☐☐☐?

A: ☐☐☐☐☐☐☐☐☐☐☐。

C: ☐☐☐☐☐。

A: ☐☐☐☐☐☐☐☐, ☐☐☐☐☐☐?

B: ☐☐☐☐☐☐☐☐☐☐, ☐☐☐☐☐☐☐☐☐。

C: ☐☐, ☐☐☐☐☐☐, ☐☐☐☐☐☐☐。

134

Step ③

単語 🎧 **063**

□ 留	liú	留まる、残る、留める、残す
□ 开//学	kāi xué	授業／学期が始まる
□ 利用	lìyòng	利用する
□ 四川省	Sìchuānshěng	四川省（中国の省名）
□ 成都	Chéngdū	成都（四川省の省都）
□ 原因	yuányīn	原因
□ 三国演义	Sānguóyǎnyì	三国演義
□ 草船借箭	cǎochuán jièjiàn	草舟借箭の計
□ 故事	gùshi	物語、ストーリー
□ 诸葛亮	Zhūgě Liàng	諸葛孔明
□ 神机妙算	shénjī miàosuàn	深謀遠慮の計略、先を見通した計略
□ 另外	lìngwài	ほかの、ほかに

□ 魅力	mèilì	魅力
□ 麻婆豆腐	mápódòufu	麻婆豆腐
□ 其实	qíshí	その実、実のところ、しかし
□ 辣子鸡	làzijī	鶏肉をぶつ切りにして唐辛子をかけた料理
□ 水煮牛肉	shuǐzhǔniúròu	牛肉と野菜を油の入った汁で煮た料理
□ 口水	kǒushuǐ	つば、よだれ
□ 背	bēi	背負う、背負い込む
□ 背包	bēibāo	リュックサック
□ 搭	dā	（乗り物に）乗る、掛ける、架ける
□ 高铁	gāotiě	高速鉄道

学習の ポイント　　　復習（その４）

1 複文

①並列・累加：

不但他去，而且我（也）去
Búdàn tā qù, érqiě wǒ (yě) qù.

既然他去，我也去。
Jìrán tā qù, wǒ yě qù.

除了他以外，我也去。
Chúle tā yǐwài, wǒ yě qù.

cf. 除了他以外，我们都去。
Chúle tā yǐwài, wǒmen dōu qù.

无论／不管他去不去，我们都去。
Wúlùn/bùguǎn tā qùbuqù, wǒmen dōu qù.

②逆接：虽然他去，但是我不去。
Suīrán tā qù, dànshì wǒ bú bqù.

③因果：因为他去，所以我不去。
Yīnwèi tā qù, suǒyǐ wǒ bú qù.

④仮定：要是他去，我就不去。
Yàoshi tā qù, wǒ jiù bú qù.

就是他去，我也不去。
Jiùshì tā qù, wǒ yě bú qù.

Go to **Dig** 54

After Dig

1．日本語の意味に合うように、空欄に適切な中国語を入れなさい。

　1）わたしは急いで部屋の荷物を整理しようと思います。

　　　我打算赶快 [　　] 房间的行李整理好。

　2）「三国演義」には諸葛亮の深謀遠慮の計略が見て取れます。

　　　从"三国演义"可以看出诸葛亮的 [　　　　　　　]。

　3）四川料理と言うと、みんな「麻婆豆腐」を思い出すはずです。

　　　一说到四川菜，大家都 [　　] 想起"麻婆豆腐"。

　4）わたしはリュックを背負い、高速鉄道に乗って成都へ向かうつもりです。

　　　我打算 [　　] 着背包，搭高铁前往成都。

　5）実のところ四川料理にはもっと美味しいものがもっとたくさんあります。

　　　[　　　　] 四川菜有更多更好吃的东西。

　6）わたしは春休みの時間を利用して四川の成都へ向かおうと考えています。

　　　我想利用春假的时间 [　　　　] 四川省成都。

　7）望月さんは「三国演義」にとても愛着があります。

　　　望月 [　　] "三国演义"非常热爱。

　8）学期が始まるまでまだ一か月あります。わたしは四川に行こうと思います。

　　　离 [　　　　] 还有一个月，我想到四川去。

　9）四川料理のことを考えると、よだれまで出そうになります。

　　　想到四川菜，我 [　　　　] 都快流下来了。

　10）例えば「辣子雞」「水煮牛肉」などはみな四川独特の料理です。

　　　[　　　　] 说"辣子鸡"，"水煮牛肉"都是四川的特色菜。

2．日本語の意味に合うように、次の言葉を並び替えて中国語の文を完成させなさい。

　1）わたしは実習の機会を利用して、たくさん学ぼうと思います。

　　　[多　我　实习　利用　的　学习　想　机会,]。

　　　_____

　2）四川の名物料理はほかにもまだたくさんあります。

　　　[另外　四川　多　的　还有　很　特色菜]。

　　　_____

　3）わたしはリュックを背負い、高速鉄道に乗って成都に向かおうと思います。

　　　[背包,　我　搭　背着　成都　高铁　前往　打算]。

　　　_____

4）「水煮牛肉」は最も特色のある四川料理だと思います。
　　[是　覚得　的　"水煮牛肉"　我　四川菜　特色　最有]。

_____

5）四川料理のことを考えると、わたしはよだれまで出そうです。
　　[口水　四川菜，都　想到　快　我　了　流下来]。

_____

6）物語から四川の歴史が見て取れます。
　　[四川　从　可以　历史　故事中　的　看出]。

_____

7）諸葛亮の深謀遠慮にかなう者は誰もいない。
　　[人　神机妙算　诸葛亮　没有　比得过　的]。

_____

8）実はこの物語にはけっして詳しくありません。
　　[我　并不　这个　熟悉　对　其实　故事]。

_____

9）（わたしは）休みにはリュックを背負って旅行に行きたいと思います。
　　[放假　我　时　去旅行　背着　想　背包]。

_____

10)「草舟借箭の計」の物語は非常に面白い。
　　[的　故事　"草船借箭"　有趣　非常]。

_____

137

3．絵をみて質問に答えなさい。AとBはa～cから適切な答えを選びなさい。

1) a．她有很多行李。 b．她在机场。
   c．护照。
2) a．在背包里。 b．望月不在。
   c．在清水的手里。
3) a．她有一个大旅行箱。 b．很大。
   c．清水在机场。

1) a．一个背包。 b．没有回国。
   c．他在高铁站。
2) a．他没有回日本。 b．是去成都的。
   c．四月。
3) a．一个背包。 b．不坐飞机。
   c．他一个人去。

Step 4 🎧 065

清水前天先回日本了。我还留在北京。因为离开学还有一个月，所以我想利用这段时间到四川成都去看看。为什么我想去成都呢？一部分原因就是我对"三国演义"的热爱了。在"草船借箭"的故事中，可以看出诸葛亮的神机妙算。另外一个更大的原因，当然就是四川菜的魅力了。在日本说到四川菜，可能大家都会想到"麻婆豆腐"，其实四川菜有更多更好吃的东西，比如说"辣子鸡"和"水煮牛肉"。想到这里，我口水都快流下来了。我打算赶快把房间的行李整理好，先寄回日本去，然后再背着背包，从北京搭高铁前往成都。

単 語 索 引

＊ハイフンの前の数字は課数を、ハイフンの後の(1)は Step 1、(3)は Step 3 を示しています。課数の 1-11 は『ベーシック・チャイニーズ 1』の単語です。

ピンイン	単 語	課-(Step)
A		
a	啊	5-(3)
ài	爱	12-(3)
àishang	爱上	16-(1)
ānjìng	安静	16-(1)
ānwèi	安慰	14-(3)
ànzhào	按照～	16-(3)
Àolínpǐkè	奥林匹克	13-(3)
B		
bā	八	2-(1)
bǎ	把(量詞)	14-(1)
bàba	爸爸	3-(3)
ba	吧	1-(3)
bái	白	22-(3)
bǎi	百	8-(1)
bān	班	10-(3)
bàn	半	4-(1)
bàn	办	9-(1)
bànfǎ	办法	20-(3)
bànlù	半路	15-(3)
bàntiān	半天	11-(1)
bāng máng	帮//忙	15-(1)
bàngqiú	棒球	20-(1)
bāo	包	17-(1)
bāozi	包子	17-(1)
bàogào	报告	10-(3)
bēi	杯(量詞)	15-(3)
bēi	背	24-(3)
bēibāo	背包	24-(3)
běifāngrén	北方人	22-(3)
Běijīng	北京	2-(3)
bèi	背	16-(1)
bèi	被	18-(1)
bèi	倍	21-(3)
běn	本(量詞)	3-(1)
běndì	本地	23-(3)

ピンイン	単 語	課-(Step)
běnlái	本来	8-(3)
bítì	鼻涕	20-(3)
bǐ	比	8-(1)
bǐjiào	比较	10-(1)
bǐrú	比如	12-(3)
bǐsài	比赛	9-(3)
bì yè	毕//业	5-(3)
biānjíbù	编辑部	19-(1)
biàn	遍(量詞)	13-(3)
biànlì diàn	便利店	6-(3)
biǎoyǎn	表演	13-(1)
bīngliáng	冰凉	16-(1)
bìng	病	15-(1)
bìng bù～	并不～	22-(3)
bìngrén	病人	5-(1)
bōlíbēi	玻璃杯	18-(1)
bówùguǎn	博物馆	21-(1)
bǔxíbān	补习班	12-(1)
bù / bú	不	1-(1)
bù hǎo yìsi	不好意思	4-(3)
bù hǎomǎi	不好买	22-(1)
bù qiǎo	不巧	14-(3)
bù shǎo	不少	6-(3)
bú tài	不太	3-(3)
bù zhī bù jué	不知不觉	7-(3)
búcuò	不错	8-(1)
búdàn～érqiě……	不但～而且……	19-(3)
búdàn～hái…	不但～还…	9-(3)
búduìjìnr	不对劲儿	20-(3)
bùfen	部分	18-(3)
bùguǎn	不管	16-(3)
búguò	不过	4-(3)
bùtóng	不同	19-(1)
búyòng	不用	7-(1)
C		
cā	擦	16-(1)

140

ピンイン	単　語	課-(Step)
cái	才	5-(1)
cài	菜	15-(1)
cānguān	参观	21-(1)
cānjiā	参加	9-(3)
cǎochuán jièjiàn	草船借箭	24-(3)
chá	查	11-(3)
chà	差	4-(1)
chàbuduō	差不多	17-(3)
chà(yì)diǎnr	差(一)点儿	17-(3)
cháng	长	9-(1)
cháng	尝	11-(1)
cháng	场(量詞)	14-(1)
chángcháng	常常	9-(1)
chángjià	长假	22-(1)
chàng gē(r)	唱//歌	14-(1)
chāoguò	超过	18-(3)
chāoshì	超市	13-(1)
cháo nán	朝南	17-(3)
chǎo	炒	12-(3)
chēpiào	车票	7-(1)
chēzhàn	车站	6-(3)
Chén Lìli	陈丽丽	1-(3)
chēngwéi	称为	18-(3)
Chéngdū	成都	24-(3)
chéngguǒ	成果	19-(3)
chéngjì	成绩	10-(3)
chéngshì	城市	23-(3)
chī	吃	4-(3)
chī fàn	吃//饭	11-(1)
chídào	迟到	15-(1)
chōngshí	充实	5-(3)
chōu yān	抽//烟	22-(1)
chū chǎng	出//场	15-(3)
chū mén	出//门	14-(1)
chū shì	出//事	15-(3)
chūcì	初次	11-(1)
chūlai	出来	11-(1)
chuān yīfu	穿//衣服	13-(1)
chuānghu	窗户	14-(1)
chuánrǎn	传染	20-(3)

ピンイン	単　語	課-(Step)
chuántǒng	传统	21-(3)
chūbǎnshè	出版社	19-(1)
chúle	除了	14-(3)
chúxīyè	除夕夜	22-(3)
Chūnjié	春节	22-(1)
cídiǎn	词典	3-(1)
cíyǔ	词语	18-(3)
cì	次(量詞)	7-(1)
cōngming	聪明	22-(1)
cóng	从	5-(3)
cóng~dào…	从~到…	6-(1)
cóng tóu dào wěi	从头到尾	16-(3)
cónglái	从来	15-(3)
còu rènao	凑//热闹	16-(3)
D		
dā	搭	24-(3)
dāying	答应	9-(3)
dá'àn	答案	18-(3)
dǎ diànhuà	打//电话	13-(1)
dǎ gōng	打//工	19-(1)
dǎ zhé	打//折	8-(1)
dǎbutōng	打不通	15-(3)
dǎrǎo	打扰	16-(1)
dǎsǎo	打扫	16-(3)
dǎsuàn	打算	8-(1)
dǎsuì	打碎	18-(3)
dàfēng	大风	18-(1)
dàgài	大概	22-(1)
dàjiā	大家	2-(3)
dàmén	大门	16-(1)
dàqiántiān	大前天	12-(1)
dàxué	大学	3-(1)
dàyi	大意	16-(3)
dāi	待	11-(3)
dài	带	7-(3)
dàibiǎo	代表	9-(3)
dàiyù	待遇	19-(1)
dān xīn	担//心	15-(1)
dāncí	单词	10-(3)
dàngāo	蛋糕	4-(1)

141

ピンイン	単　語	課-(Step)
dānrèn	担任	20-(1)
dànshì	但是	8-(3)
dāng	当	6-(1)
dàngāo	蛋糕	4-(1)
dāngrán	当然	5-(1)
dào	到	6-(3)
dào	倒是	23-(1)
dǎoméi	倒霉	20-(3)
de	的	2-(1)
de	地(助詞)	13-(1)
～deliǎo	～得了	15-(1)
děi	得	10-(1)
dēng	灯	14-(3)
děng	等	7-(1)
děngdeng	等等	12-(3)
díquè	的确	7-(3)
dì èr	第二	6-(3)
dì yī cì	第一次	11-(1)
dìdi	弟弟	3-(3)
dìfang	地方	4-(3)
dìshang	地上	17-(3)
dìtiě	地铁	6-(1)
diǎn	点	4-(1)
diǎn míng	点//名	20-(3)
diànnǎo	电脑	6-(3)
diànqìdiàn	电器店	8-(3)
diànshì	电视	6-(3)
diànyǐng	电影	13-(3)
diànzǐ jiē	电子街	6-(3)
diào	掉	23-(1)
diàochá	调查	21-(1)
dìtú	地图	21-(3)
diū	丢	16-(1)
dōng bēn xī pǎo	东奔西跑	5-(3)
Dōngfāngmíngzhū	东方明珠	12-(1)
Dōngjiāomínxiàng	东交民巷	21-(3)
Dōngjīng	东京	6-(3)
dōngxi	东西	6-(1)
dǒng	懂	13-(3)
dòng xīn	动//心	8-(3)

ピンイン	単　語	課-(Step)
dòngwùyuán	动物园	4-(1)
dōu	都	1-(3)
dòufu	豆腐	17-(1)
dú shū	读//书	3-(3)
dúshēng zǐ / nǚ	独生子/女	3-(3)
dǔ chē	堵//车	12-(3)
dùzi	肚子	7-(1)
duǎn	短	12-(3)
duàn	段(量詞)	13-(3)
duì	对(介詞)	5-(3)
duìbuqǐ	对不起	11-(1)
duìle	对了	10-(3)
duìmiàn	对面	4-(1)
duō cháng shíjiān	多长时间	9-(1)
duō dà	多大	3-(3)
duō dāi	多待	11-(3)
duōle	～多了	11-(3)
duōme	多么	5-(3)
duōshao qián	多少钱	3-(1)
duōxiè	多谢	11-(1)
	E	
è	饿	7-(1)
éi	欸	7-(1)
érqiě	而且	17-(3)
èr	二	2-(1)
	F	
fā	发	22-(3)
fā lěng	发//冷	20-(3)
fā shāo	发//烧	20-(3)
fābiǎo	发表	18-(1)
fāshēng	发生	19-(3)
fāxiàn	发现	11-(3)
fāyīn	发音	2-(3)
fānqié	番茄	12-(3)
fānyì	翻译	17-(3)
fǎnzhèng	反正	18-(1)
fàng jià	放//假	10-(3)
fāngbiàn	方便	6-(1)
fāngfǎ	方法	18-(3)
fāngxiàng	方向	19-(3)

ピンイン	単　語	課-(Step)
fángjiān	房间	16-(3)
fàng	放	13-(3)
fàng biānpào	放//鞭炮	22-(3)
fàng xīn	放//心	13-(1)
fànghuíqu	放回去	17-(3)
fēicháng	非常	2-(3)
fēijī	飞机	11-(3)
fēijīpiào	飞机票	22-(1)
fèi	费	24-(1)
fēn	分	4-(1)
fēnbiàn	分辨	23-(3)
fēnbié	分别	21-(3)
fēnchéng	分成	18-(3)
fēndān	分担	21-(3)
fēnzhōng	～分钟	6-(1)
fù	付	7-(3)
fùjìn	附近	4-(1)
Fùshìshān	富士山	15-(3)
fùxí	复习	10-(3)
fùzé	负责	14-(3)
	G	
gālí	咖喱	12-(3)
gǎichéng	改成	21-(3)
gǎitiān	改天	14-(3)
gàifàn	盖饭	12-(3)
gān bēi	干//杯	17-(3)
gāncuì	干脆	21-(1)
gānjìng	干净	16-(3)
gǎnkuài	赶快	13-(1)
gǎnshàng	赶上	17-(3)
gǎnxiǎng	感想	20-(3)
gāng	刚	7-(1)
gāng hǎo	刚好	3-(3)
gāngcái	刚才	13-(1)
gāo	高	8-(1)
gāo'èr	高二	3-(3)
gāolóu dàshà	高楼大厦	11-(3)
gāotiě	高铁	24-(3)
gāoxìng	高兴	2-(3)
gāozhōngshēng	高中生	9-(3)

ピンイン	単　語	課-(Step)
gàosu	告诉	3-(3)
gē (r)	歌（儿）	4-(3)
gēge	哥哥	10-(3)
ge	个	3-(1)
gěi	给(介詞)	5-(1)
gēn	跟(介詞)	6-(1)
gèng	更	19-(3)
gōngfēn	公分	8-(1)
gōngjiāochē	公交车	15-(1)
gōngkè	功课	5-(3)
gōngsī	公司	12-(1)
gōngzuò	工作	5-(1)
gòu	够	7-(1)
gǔdiǎn	古典	13-(3)
gùshi	故事	24-(3)
gùzhàng	故障	15-(1)
guādǎo	刮倒	18-(1)
guā fēng	刮//风	14-(1)
guān	关	16-(1)
guānguāngkè	观光客	11-(3)
guānglín	光临	4-(3)
guàng jiē	逛//街	6-(3)
guì	贵	8-(1)
guójì	国际	24-(1)
guò	过	3-(3)
guòguān	过关	16-(1)
guo	过(経験)	10-(1)
	H	
hái	还	3-(3)
hái hǎo	还好	18-(1)
háishi	还是	8-(1)(3)
háizi	孩子	18-(1)
hǎiguān	海关	24-(1)
Hánguórén	韩国人	1-(1)
Hányǔ	韩语	4-(1)
Hàn Rì	汉日	3-(1)
Hànyǔ	汉语	1-(1)
Hànzì	汉字	12-(1)
Hángzhōu	杭州	11-(3)
hǎo	好	1-(3)

143

ピンイン	単　語	課-(Step)
hǎo duō	好多	2-(3)
hǎoburóngyì	好不容易	13-(3)
hǎochī	好吃	10-(1)
hǎohāor	好好儿	9-(3)
hǎochù	好处	17-(3)
hǎokàn	好看	8-(1)
hǎoshìr	好事儿	23-(1)
hǎoshǒu	好手	9-(3)
hǎowánr	好玩儿	10-(1)
hǎoxiàng	好像	14-(3)
hǎoyòng	好用	8-(3)
hào	号	2-(1)
hàomǎ	号码	15-(1)
hē jiǔ	喝//酒	9-(1)
hé	和	1-(3)
hé~yíyàng	和~一样	6-(3)
hēi (sè)	黑(色)	8-(1)
hěn	很	2-(1)
hèn	恨	20-(1)
hóng (sè)	红(色)	8-(1)
Hóngqiáo	虹桥	11-(3)
hòu	后	3-(3)
hòuguǒ	后果	7-(3)
hòulai	后来	18-(3)
hòumian	后面	9-(1)
hòutiān	后天	10-(3)
hútòng	胡同	21-(1)
hùzhào	护照	24-(1)
huā	花	11-(1)
huānyíng	欢迎	4-(3)
huàn chē	换//车	7-(3)
huí jiā	回//家	4-(3)
huígù	回顾	21-(3)
huì	会(助動詞)	9-(1)
huìhuà	会话	12-(1)
húnshēn	浑身	20-(3)
huǒchē	火车	7-(1)
huódòng	活动	8-(3)
huò	或	18-(3)
huòchē	货车	17-(1)

ピンイン	単　語	課-(Step)
	J	
jīchǎng	机场	11-(1)
jīdàn	鸡蛋	12-(3)
jīhuì	机会	12-(3)
jí	急	15-(3)
jí le	～极了	7-(3)
jígé	及格	18-(3)
jíshǐ~yě……	即使~也……	22-(1)
jǐ	几	2-(1)
jǐ bǎi kuài	几百块	8-(3)
jì	寄	5-(3)
jì~yòu……	既~又……	22-(1)
jìde	记得	14-(1)
jìhuà	计划	22-(1)
jìmò	寂寞	23-(3)
jìrán	既然	21-(1)
jìxù	继续	16-(1)
jiā	家	3-(3)
jiā	家(量詞)	4-(1)
jiā yóu	加//油	13-(1)
jiājiào	家教	14-(1)
jiàgé	价格	8-(3)
jiǎnchá	检查	16-(1)
jiǎnshǎo	减少	21-(3)
jiàn	件(量詞)	12-(1)
jiàn	见	10-(1)
jiàn miàn	见//面	11-(1)
jiànkāng	健康	12-(3)
jiànyì	建议	21-(1)
jiànzhù	建筑	11-(3)
jian	见(結果補語)	13-(1)
jiāngjìn	将近	19-(3)
jiǎngxuéjīn	奖学金	9-(1)
jiāo	教	4-(1)
jiāo	交	10-(3)
jiāohuànshēng	交换生	23-(1)
jiǎozi	饺子	22-(3)
jiào	叫	1-(1)
jiào hǎo	叫//好	15-(3)
jiàoshì	教室	1-(3)

144

ピンイン	単 語	課-(Step)
jiē	接	11-(1)
jié	节(量詞)	6-(3)
jiéguǒ	结果	16-(3)
jiéshí	结识	23-(3)
jiéshù	结束	20-(1)
jiějie	姐姐	5-(1)
jiějué	解决	13-(1)
jiérì	节日	22-(3)
jiè	借	16-(1)
jièshào	介绍	2-(3)
Jīn Xuěhuā	金雪花	1-(1)
jīnhòu	今后	1-(1)
jīnnián	今年	3-(1)
jīntiān	今天	1-(3)
jǐnzhāng	紧张	16-(3)
jìn	进	11-(1)
jìnbù	进步	18-(3)
jìnzhǐ	禁止	14-(1)
jīngcǎi	精彩	13-(1)
jīngcháng	经常	19-(3)
Jīngjù	京剧	13-(1)
jīngyàn	经验	19-(3)
jǐngguān	景观	21-(3)
jiǔ	九	2-(1)
jiǔ	久	11-(1)
jiǔbā	酒吧	21-(3)
jiǔděng	久等	15-(1)
jiù	就	5-(1)
jiù yào～le	就要～了	7-(1)
jiùshì～yě……	就是～也……	22-(1)
jǔxíng	举行	18-(3)
jù	句(量詞)	13-(3)
jù	聚	16-(3)
jùchǎng	剧场	15-(3)
jùzi	句子	18-(3)
juéde	觉得	4-(3)
juédìng	决定	8-(3)
juéshìwǔ	爵士舞	14-(3)
K		
kāfēiguǎn	咖啡馆	21-(3)

ピンイン	単 語	課-(Step)
kǎtōng	卡通	13-(3)
kāi	开	7-(1)
kāi	开	14-(1)
kāi chē	开//车	10-(3)
kāi huì	开//会	4-(3)
kāi xué	开//学	24-(3)
kāishǐ	开始	5-(3)
kāiyǎn	开演	13-(1)
kàn	看	3-(1)
kàn bìng	看//病	5-(1)
kàn lai kàn qu	看来看去	8-(3)
kàn xì	看//戏	13-(1)
kàndechūlai	看得出来	15-(3)
kǎoshēng	考生	18-(3)
kǎoshì	考试	10-(3)
kǎoyā	烤鸭	17-(1)
késou	咳嗽	20-(3)
kěbushì	可不是	24-(1)
Kěkǒukělè	可口可乐	16-(1)
kěnéng	可能	19-(3)
kěpà	可怕	7-(3)
kěshì	可是	8-(3)
kěxī	可惜	23-(1)
kěyǐ	可以(助動詞)	9-(1)
kèběn	课本	3-(1)
kèfú	克服	19-(3)
kèqi	客气	17-(1)
kètáng	课堂	13-(3)
kèwài	课外	9-(3)
kèwén	课文	10-(3)
kěndìng	肯定	9-(3)
kònggé	空格	18-(3)
kǒu	口(量詞)	3-(3)
kǒushuǐ	口水	24-(3)
kuài	快	7-(3)
kuài	块(量詞)	8-(1)
kuài (yào)～le	快(要)～了	7-(1)
kùnnan	困难	19-(3)
L		
làzhú	蜡烛	4-(1)

145

ピンイン	単　語	課-(Step)
làzijī	辣子鸡	24-(3)
lái	来	3-(3)
～lái shuō	～来说	16-(3)
láibuchéng	来不成	15-(3)
láidejí	来得及	15-(1)
lǎobǎixìng	老百姓	21-(3)
lǎodà	老大	3-(3)
lǎojiā	老家	22-(1)
lǎoshī	老师	1-(1)
lǎozhàopiàn	老照片	21-(3)
lèi	累	17-(3)
lěng	冷	2-(1)
lí	离(介詞)	6-(1)
lǐ / lǐbiān	里/里边	4-(1)
lǐmian	里面	15-(3)
lǐwù	礼物	4-(3)
lìhai	厉害	9-(1)
lìshǐ	历史	21-(1)
lìyòng	利用	24-(3)
lián～dōu/yě…	连～都/也…	7-(3)
liànxí	练习	12-(1)
liáng	量	20-(3)
liǎng	两	3-(1)
liàng	辆(量詞)	12-(3)
liáo tiānr	聊//天儿	4-(3)
liǎojiě	了解	13-(3)
lín yǔ	淋//雨	14-(1)
línshí	临时	14-(1)
líng	零	2-(1)
língchén	凌晨	16-(3)
línghuāqián	零花钱	17-(3)
língjiàn	零件	6-(3)
língqián	零钱	7-(3)
lìngwài	另外	24-(3)
liú	流	20-(3)
liú	留	24-(3)
Liúlíchǎng	琉璃厂	21-(3)
liúlì	流利	12-(1)
liúxuéshēng	留学生	1-(3)
liù	六	2-(1)

ピンイン	単　語	課-(Step)
lóu	楼	2-(3)
luàn qī bā zāo	乱七八糟	17-(3)
Lúndūn	伦敦	20-(1)
lǚxíng	旅行	10-(1)
lǚyóu	旅游	10-(1)
M		
māma	妈妈	3-(3)
mápódòufu	麻婆豆腐	24-(3)
mǎlù	马路	12-(3)
mǎshàng	马上	9-(3)
ma	吗	1-(1)
mái tóu kǔ gàn	埋头苦干	16-(1)
mǎi	买	3-(1)
mǎn	满	22-(3)
mǎn chéng mǎn jiē	满城满街	22-(3)
mǎnfēn	满分	18-(3)
mǎnyì	满意	8-(3)
màn	慢	12-(1)
mànmānr	慢慢儿	15-(1)
máng	忙	5-(1)
měi	每	7-(1)
méi guānxì	没关系	6-(1)
méi wèntí	没问题	8-(1)
méiyǒu	没有	3-(1)
Měiguó	美国	10-(1)
měitiān	每天	5-(1)
mèilì	魅力	24-(3)
ménkǒu	门口	6-(3)
ménpiào	门票	13-(3)
men	们	2-(3)
mèngxiǎng	梦想	19-(1)
mígōng	迷宫	21-(1)
miàn	面	7-(1)
míng shèng gǔ jì	名胜古迹	11-(3)
míngbai	明白	16-(3)
míngquè	明确	19-(3)
míngtiān	明天	5-(3)
míngxìnpiàn	明信片	5-(1)
míngzi	名字	1-(1)
mótuōchē	摩托车	18-(1)

ピンイン	単 語	課-(Step)
mùbiāo	目标	19-(3)
N		
ná	拿	13-(3)
nǎ	哪	2-(1)
nǎxiē	哪些	10-(1)
nǎ guó rén	哪国人	2-(1)
nǎli (nǎr)	哪里(哪儿)	3-(1)
nà	那(代詞)	2-(1)
nà	那(接続詞)	3-(3)
nàli (nàr)	那里(那儿)	3-(1)
nàme	那么	5-(1)
nàtiān	那天	4-(1)
nǎinai	奶奶	22-(3)
nán	难	13-(3)
nánguài	难怪	20-(3)
nánshòu	难受	20-(3)
ne	呢?	1-(1)
nèiróng	内容	18-(3)
néng	能(助動詞)	9-(1)
nénglì	能力	18-(3)
nǐ hǎo	你好	1-(1)
niándǐ	年底	22-(3)
niángāo	年糕	22-(3)
niánqīngrén	年轻人	21-(3)
niányèfàn	年夜饭	22-(3)
Nín guì xìng	您贵姓	1-(1)
Niǔyuē	纽约	12-(1)
nǔlì	努力	19-(1)
P		
pá	爬	15-(1)
pāi	拍	21-(3)
pāi shǒu	拍//手	15-(3)
pāimài	拍卖	23-(1)
pái duì	排//队	13-(3)
pài	派	19-(3)
pán	盘(量詞)	17-(1)
pángbiānr	旁边儿	4-(1)
pǎo bù	跑//步	16-(3)
pàozhú	炮竹	22-(3)
péi	陪	12-(1)

ピンイン	単 語	課-(Step)
péngyou	朋友	1-(3)
pídàn	皮蛋	17-(1)
pífū	皮肤	16-(1)
píjiǔ	啤酒	17-(1)
piányi	便宜	8-(1)
piàoliang	漂亮	5-(1)
píng	瓶	16-(1)
píng'ān	平安	24-(1)
píngshí	平时	20-(3)
Q		
qī	七	2-(1)
qījiān	期间	19-(3)
qīdài	期待	11-(3)
qīmò kǎo	期末考	10-(3)
qí	骑	18-(1)
qíquán	齐全	17-(3)
qíshí	其实	24-(3)
qǐ chuáng	起//床	5-(1)
qǐ zǎo shuì wǎn	起早睡晚	5-(3)
qǐchū	起初	13-(3)
qǐfēi	起飞	24-(1)
qǐyè	企业	6-(3)
qì	气	15-(3)
qìchē	汽车	15-(3)
qìfēn	气氛	19-(3)
qiān	千	3-(1)
qián	前	6-(1)
qián jǐ tiān	前几天	20-(3)
qiánhòu	前后	22-(1)
qiánbāo	钱包	7-(3)
qiántiān	前天	12-(1)
qiāo mén	敲//门	17-(3)
qīnqiè	亲切	2-(3)
qīngchu	清楚	13-(3)
Qīngshuǐ Xiāng	清水香	1-(3)
qíngtiān	晴天	3-(1)
qǐng	请	15-(1)
Qǐng duō guānzhào	请多关照	1-(1)
qǐng wèn	请问	1-(1)
qìngzhù	庆祝	4-(1)

147

ピンイン	単語	課-(Step)
qiūtiān	秋天	14-(1)
Qiūyèyuán	秋叶原	6-(3)
qǔ	取	11-(1)
qǔdài	取代	21-(3)
qǔxiāo	取消	14-(1)
qù	去	1-(3)
quándū	全都	24-(1)
qùnián	去年	5-(3)
R		
ránhòu	然后	5-(3)
ràng	让	15-(1)
rè	热	2-(1)
rè'ài	热爱	19-(3)
rènao	热闹	6-(3)
rèxīn	热心	19-(3)
rén shān rén hǎi	人山人海	6-(3)
rénshēng	人生	19-(3)
rèndìng	认定	18-(3)
rènshi	认识	1-(3)
rènwù	任务	18-(1)
rènzhēn	认真	13-(1)
Rìběnrén	日本人	1-(1)
Rìyǔ	日语	3-(1)
róngyì	容易	16-(3)
rúguǒ	如果	20-(1)
S		
sān	三	2-(1)
Sānguóyǎnyì	三国演义	24-(3)
sānmíngzhì	三明治	7-(1)
shāngdiàn	商店	8-(3)
shāngpǐn	商品	8-(3)
shàng	上	20-(1)
shàng bān	上//班	12-(3)
shàng kè	上//课	1-(3)
shàng wǎng	上//网	11-(3)
Shànghǎi	上海	10-(1)
shāngliang	商量	22-(1)
shàngwǔ	上午	1-(3)
shèbèi	设备	17-(3)
shètuán	社团	14-(3)

ピンイン	単語	課-(Step)
shéi	谁	2-(1)
shēn	深	13-(3)
shēntǐ	身体	21-(1)
shēnyè	深夜	16-(3)
shénjì miàosuàn	神机妙算	24-(3)
shénme	什么	1-(1)
shénme dìfang	什么地方	4-(3)
shénme shíhou	什么时候	4-(1)
shēng bìng	生//病	20-(1)
shēngcí	生词	16-(1)
shēnghuó	生活	10-(3)
shēngri	生日	2-(1)
shēngyúpiàn	生鱼片	21-(1)
Shèngdànjié	圣诞节	22-(1)
shīwàng	失望	14-(3)
shí	十	2-(1)
shíjiān	时间	4-(1)
shíshàng	时尚	11-(3)
shítáng	食堂	6-(1)
shílì	实力	16-(3)
shíxí	实习	19-(3)
shíxiàn	实现	19-(1)
shì	是	1-(1)
shì	试	16-(1)
shì(r)	事（儿）	12-(1)
shìde	是的	11-(1)
shìjiè	世界	11-(3)
shìnèi	市内	21-(3)
shìpín	视频	13-(1)
shìtí	试题	16-(1)
shōushi	收拾	17-(3)
Shǒu'ěr	首尔	5-(1)
shǒudū	首都	21-(1)
shǒujī	手机	8-(1)
shǒuxù	手续	9-(1)
shòu	瘦	12-(3)
shòu shāng	受//伤	18-(1)
shòuhuòyuán	售货员	8-(1)
shū	书	2-(1)
shū	书	3-(1)

148

ピンイン	単　　語	課-(Step)
shūdiàn	书店	3-(1)
shūfu	舒服	20-(3)
shūjià	书架	17-(3)
shūxiě	书写	18-(3)
shúxī	熟悉	21-(3)
shǔ yī shǔ èr	数一数二	24-(1)
shǔjià	暑假	10-(1)
shù	树	18-(1)
shuāidǎo	摔倒	17-(3)
shuǐ	水	19-(1)
shuǐjiǎo	水饺	17-(1)
shuǐpíng	水平	16-(1)
shuǐzhǔniúròu	水煮牛肉	24-(3)
shuì	睡	9-(1)
shuì jiào	睡//觉	15-(3)
shuìbuzháo jiào	睡不着//觉	15-(3)
shùnbiàn	顺便	21-(1)
shuō	说	1-(3)
sì	四	2-(1)
～sǐle	～死了	15-(3)
Sìchuānshěng	四川省	24-(3)
sìhéyuàn	四合院	21-(3)
sòng	送	4-(3)
sùshè	宿舍	6-(1)
suàn	算	19-(1)
suīrándiàn～shìì…	虽然～但是…	10-(3)
suì	岁	3-(3)
Sūn Wùkōng	孙悟空	15-(3)
suǒyǐ	所以	9-(3)
T		
tā / tāmen	他／他们	1-(1)
tā / tāmen	她／她们	1-(1)
tā / tāmen	它／它们	1-(1)
tái	台(量詞)	8-(1)
tài～le	太～了	10-(1)
Táng Yáng	唐扬	1-(3)
tàng	趟(量詞)	22-(3)
tǎo jià huán jià	讨价还价	8-(3)
tèbié	特别	7-(1)
tèdì	特地	11-(1)

ピンイン	単　　語	課-(Step)
tèsè	特色	11-(1)
tí	提	15-(1)
tíxǐng	提醒	14-(1)
tǐyùguǎn	体育馆	9-(1)
tízǎo	提早	10-(3)
tǐwēn	体温	20-(3)
tiān	～天	9-(1)
tiānqì	天气	2-(1)
tiánrù	填入	18-(3)
tiáo	条(量詞)	21-(1)
tiǎozhàn	挑战	18-(3)
tiào wǔ	跳//舞	14-(3)
tīng shuō	听//说	6-(3)
tīnglì	听力	18-(3)
tíng	停	14-(1)
tíngchēchǎng	停车场	17-(1)
tǐng～(de)	挺～的	22-(3)
tōngguò	通过	18-(3)
tóngxué	同学	2-(3)
tóngyì	同意	16-(3)
tōu	偷	18-(1)
tóu téng	头//疼	20-(3)
tūrán	突然	14-(1)
túshūguǎn	图书馆	1-(3)
W		
wāyǒng	蛙泳	9-(3)
wàiguó	外国	2-(3)
Wàitān	外滩	10-(3)
wàiyǔ	外语	17-(3)
wán	完(結果補語)	13-(1)
wánchéng	完成	18-(1)
wánměi	完美	19-(3)
wánr	玩儿	7-(3)
wánr shuǐ	玩儿//水	9-(3)
wánpí	顽皮	3-(3)
wǎn	晚	12-(1)
wǎnshang	晚上	4-(3)
wàn	万	3-(1)
Wáng Sīyún	王思云	1-(1)
wǎng	往(介詞)	6-(1)

149

ピンイン	単　語	課-(Step)	ピンイン	単　語	課-(Step)
wǎngluò	网络	8-(3)	xiǎng	想(動詞)	5-(1)
wàngjì	忘记	14-(1)	xiǎng	想(助動詞)	6-(1)
Wàngyuè Liàng	望月亮	1-(1)	xiǎngbuqǐlái	想不起来	15-(1)
wēixiǎn	危险	17-(1)	xiǎngfǎ	想法	16-(3)
wèi shénme	为什么	5-(1)	xiǎngshòu	享受	22-(3)
wèile	为了～	16-(3)	xiàng～yíyàng……	像～一样……	21-(1)
wèizhì	位置	23-(3)	xiāofèi	消费	7-(3)
wèizi	位子	11-(3)	xiǎo	小	4-(3)
wénhuà	文化	11-(3)	xiǎo (de) shíhou	小(的)时候	5-(3)
wénhuàjié	文化节	14-(1)	xiǎochīdiàn	小吃店	10-(1)
wénwù	文物	21-(1)	xiǎolóngbāo	小笼包	10-(1)
wénxué	文学	19-(3)	xiǎoshí	～小时	9-(1)
wèn	问	3-(3)	xiǎoshuō	小说	13-(3)
wèn tí	问题	4-(3)	xiǎoxiàng	小巷	21-(1)
wǒ / wǒmen	我/我们	1-(1)	xiǎoxīn	小心	7-(3)
wūzi	屋子	22-(3)	xiǎoxuéshēng	小学生	9-(3)
wǔ	五	2-(1)	xiǎozǔ	小组	14-(3)
wǔdǎo	舞蹈	14-(3)	xiào	笑	19-(1)
wǔfàn	午饭	16-(1)	xiě xìn	写∥信	5-(1)
X			xièxie	谢谢	1-(1)
xī yān	吸∥烟	14-(1)	xīn	新	2-(3)
Xīhú	西湖	11-(3)	xīnnián	新年	22-(1)
xīyǐn	吸引	11-(3)	xīnshuǐ	薪水	19-(1)
Xīyóujì	西游记	13-(1)	xīnxiān	新鲜	15-(3)
xíguàn	习惯	18-(1)	xīngqī	星期	2-(1)
xǐ	洗	16-(1)	xíng	行	7-(3)
xǐhuan	喜欢	3-(3)	xíngli	行李	11-(1)
xià bān	下∥班	12-(3)	xǐng	醒	19-(1)
xià (ge) xīngqī	下(个)星期	4-(1)	xìng	姓	1-(1)
xià kè	下∥课	3-(3)	xìnghǎo	幸好	17-(3)
xià yǔ	下∥雨	9-(1)	xìngkǔ	辛苦	11-(3)
xiàcì	下次	12-(1)	xìngkuī	幸亏	15-(3)
xiàtiān	夏天	7-(1)	xìngqu	兴趣	13-(1)
xiàwǔ	下午	4-(1)	xiōngdì jiěmèi	兄弟姐妹	3-(3)
xiān～zài…	先～再…	5-(3)	xiū	修	12-(3)
xiànjīn	现金	7-(3)	xiū	修	23-(1)
xiànmù	羡慕	9-(3)	xiūlǐ	修理	18-(1)
xiànzài	现在	3-(3)	xiūxi	休息	5-(3)
xiāngshuǐ	香水	2-(3)	xūyào	需要	18-(3)
xiāngxìn	相信	23-(3)	xǔduō	许多	21-(3)

150

ピンイン	単　語	課-(Step)
xuǎnchū	选出	18-(3)
xué	学	1-(3)
xuéfēn	学分	23-(1)
xuéhuì	学会	17-(3)
xuéqī	学期	12-(3)
xuésheng	学生	1-(3)
xuéxí	学习	2-(1)
xuéxiào	学校	3-(1)
xuěbái	雪白	16-(1)
xùnliàn	训练	19-(1)
	Y	
yāsuìqián	压岁钱	22-(3)
Yàzhōu	亚洲	24-(1)
yānhuǒ	烟火	22-(3)
yánsè	颜色	8-(1)
yàngzi	样子	14-(3)
yào	要	7-(1)
yào	要(動詞)	8-(1)
yào~le	要～了	7-(1)
yàoshi~ (de huà)	要是～(的话)	10-(3)
yéye	爷爷	22-(3)
yě	也	1-(1)
yèjǐng	夜景	10-(3)
yī	一	
yī~jiù…	一～就…	7-(3)
yī niánjí	一年级	1-(3)
yī~yě bù~	一～也不～	15-(3)
yīshēng	医生	5-(1)
yīxuéyuàn	医学院	5-(3)
yīyuàn	医院	5-(3)
yí kè	一刻	4-(1)
yíbàn	一半	15-(1)
yíchǎn	遗产	11-(3)
yídàn	一旦	19-(3)
yídìng	一定	9-(3)
yíhuìr	一会儿	20-(1)
yílù	一路	11-(1)
yíxiàr	一下儿	7-(1)
yíxiàzi	一下子	12-(3)
yǐhòu	以后	19-(1)

ピンイン	単　語	課-(Step)
yǐjing	已经	8-(1)
yǐqián	以前	11-(1)
yǐwài	以外	14-(3)
yǐwéi	以为	15-(1)
yì	亿	8-(1)
yìbān	一般	9-(3)
yìbiān~yìbiān…	一边～一边…	4-(3)
yìdiǎnr	一点儿	6-(1)
yìjiàn	意见	21-(1)
Yìkǎtōng	一卡通	7-(1)
yìkǒuqì	一口气	13-(3)
yìqǐ	一起	1-(3)
yìsi	意思	21-(3)
yìzhí	一直	6-(1)
yīnwèi~suǒyǐ…	因为～所以…	10-(1)
yìnxiàng	印象	13-(3)
yīnggāi	应该	7-(3)
Yīngyǔ	英语	10-(3)
yíngjiē	迎接	22-(3)
yǐngxiǎng	影响	20-(3)
yònggōng	用功	18-(1)
yōuhuì	优惠	8-(3)
yóu	游	9-(1)
yóu yǒng	游∥泳	9-(1)
yóukè	游客	21-(3)
yóuyǒngchí	游泳池	9-(1)
yǒu	有	3-(1)
yǒu kòngr	有∥空儿	14-(1)
yǒu qián	有∥钱	6-(3)
yǒu shìr	有∥事儿	4-(1)
yǒudiǎnr	有点儿	7-(1)
yǒuqù	有趣	2-(3)
yǒuyìsi	有意思	2-(3)
yòu	又	8-(3)
yòu~yòu…	又～又…	8-(3)
yǔfǎ	语法	2-(3)
yǔsǎn	雨伞	14-(1)
yùdào	遇到	21-(1)
Yùyuán	豫园	10-(1)
yuányīn	原因	24-(3)

151

ピンイン	単 語	課-(Step)
yuǎn	远	3-(3)
yuànzi	院子	18-(1)
yuē	约	13-(1)
yuè	月	2-(1)
yuèdǐ	月底	22-(1)
yuèdú	阅读	18-(3)
yuèláiyuè~	越来越~	9-(3)
yuèliang	月亮	4-(3)
Z		
zázhì	杂志	17-(1)
zài	再	8-(1)
zài	在(動詞)	4-(1)
zài	在(介詞)	5-(1)
zài yìqǐ	在一起	16-(3)
zài~zhōng	在~中	7-(3)
zàihuì	再会	24-(1)
zànchéng	赞成	16-(3)
zánmen	咱们	3-(1)
zǎo	早	7-(1)
zǎoshang	早上	5-(1)
zàochū	造出	18-(3)
zěnme	怎么	6-(1)
zěnme	怎么	10-(1)
zěnmeyàng	怎么样	12-(1)
zēngjiā	增加	21-(3)
zhàn	站	6-(3)
zhàn	站	14-(1)
zhāng	张(量詞)	7-(1)
zhǎng	长	21-(1)
zháo jí	着//急	15-(1)
zhǎo	找	7-(3)
zhàopiàn	照片	16-(3)
zhè	这	2-(1)
zhè cì	这次	12-(3)
zhèli (zhèr)	这里(这儿)	3-(1)
zhème	这么	5-(1)
zhēn	真	5-(1)
zhēnde	真的	11-(1)
zhěnglǐ	整理	19-(1)
zhèngfǔ	政府	18-(3)

ピンイン	単 語	課-(Step)
zhènghǎo	正好	6-(3)
zhèngzài	正在	13-(1)
zhī	支(量詞)	4-(1)
zhī	只(量詞)	17-(1)
zhī hòu	之后	19-(3)
~zhī yī	~之一	11-(3)
zhīdao	知道	6-(3)
zhīshi	知识	19-(1)
zhídào~cái……	直到~才……	16-(3)
zhíde	值得	22-(3)
zhíjiē	直接	10-(3)
zhíyuán	职员	19-(3)
zhǐ	只	6-(3)
zhǐhǎo	只好	11-(3)
zhǐnán	指南	10-(1)
zhǐnéng	只能	9-(1)
zhǐshì	只是	8-(3)
zhǐyào~jiù…	只要~就…	7-(3)
zhǐyǒu~cái……	只有~才……	20-(1)
zhìnéng shǒujī	智能手机	7-(3)
Zhōngguāncūn	中关村	6-(1)
Zhōngguórén	中国人	1-(1)
Zhōngwén	中文	3-(1)
Zhōngwén xì	中文系	3-(1)
zhōngwǔ	中午	7-(1)
zhǒng	种(量詞)	3-(1)
zhòng	重	10-(3)
zhòngshì	重视	22-(1)
zhòngyào	重要	19-(3)
zhōudào	周到	24-(1)
zhōumò	周末	6-(1)
zhōurì	周日	20-(1)
zhōuwéi	周围	11-(3)
Zhūgě Liàng	诸葛亮	24-(3)
zhǔyào	主要	19-(1)
zhǔyi	主意	21-(1)
zhù	祝	14-(1)
zhùyì	注意	20-(1)
zhuānyè	专业	19-(1)
zhuǎnyòng	转用	23-(1)

ピンイン	単　語	課-(Step)
zhuàn qián	赚//钱	17-(3)
zhuànghuài	撞坏	18-(1)
zhǔnbèi	准备	5-(3)
zhuōzi	桌子	13-(3)
zīliào	资料	19-(1)
zǐxì	仔细	13-(3)
zì	字	5-(1)
zìjǐ	自己	7-(1)
zìwǒ	自我	2-(3)
zìxíngchē	自行车	18-(1)
zìyóuyǒng	自由泳	9-(3)
zǒngshì	总是	9-(3)

ピンイン	単　語	課-(Step)
zǒu	走	6-(1)
zúqiúsài	足球赛	13-(3)
zuì dà	最大	6-(3)
zuìjìn	最近	5-(3)
zuótiān	昨天	8-(1)
zuò	做	2-(3)
zuò	坐	6-(1)
zuò	座(量詞)	11-(3)
～zuǒyòu	～左右	22-(1)
zuò cài	做//菜	12-(3)
zuò zuòyè	做//作业	16-(1)

４技能対応　ベーシック・チャイニーズ２

2018 年 9 月 30 日　　第 1 刷発行
2024 年 8 月 30 日　　第 7 刷発行

編著者──早稲田中国語教育研究会
著　者──張文菁・岡崎由美・千野拓政・楊達
発行者──前田俊秀
発行所──株式会社　三修社
　　　　　〒150-0001　東京都渋谷区神宮前2-2-22
　　　　　TEL 03-3405-4511　　FAX 03-3405-4522
　　　　　振替 00190-9-72758
　　　　　https://www.sanshusha.co.jp
　　　　　編集担当　三井るり子
印刷所──倉敷印刷株式会社

©2018 Printed in Japan ISBN978-4-384-41045-7 C1087

表紙デザイン──岩井栄子
本文イラスト──藤原ヒロコ
準拠CD吹込み──呉志剛・李茜
準拠CD録音・制作──高速録音株式会社

JCOPY 〈出版者著作権管理機構 委託出版物〉
本書の無断複製は著作権法上での例外を除き禁じられています。複製される場合は、
そのつど事前に、出版者著作権管理機構（電話 03-5244-5088 FAX 03-5244-5089
e-mail: info@jcopy.or.jp）の許諾を得てください。

教科書準拠CD発売
本書の準拠CDをご希望の方は弊社までお問い合わせください。